DAHLIA
CLEARWATER

LA COCINA DE LA
REINA

EL RECETARIO NO OFICIAL
PARA LOS FANS DE

THE
CROWN

Título original: *Recipes for Royals. An Unofficial Cookbook for Fans of The Crown*

© 2022, Hollan Publishing. Esta edición se ha publicado gracias al acuerdo con Skyhorse Publishing, Inc. mediante Yáñez, parte de International Editors' Co.
© de la traducción, 2022 por Miguel Alpuente
© de esta edición, 2022 por Antonio Vallardi Editore S.u.r.l., Milan

Todos los derechos reservados

Primera edición: noviembre de 2022

Duomo ediciones es un sello de Antonio Vallardi Editore S.u.r.l.
Av. de la Riera de Cassoles, 20. 3.º B. Barcelona, 08012 (Espana)
www.duomoediciones.com

Gruppo Editoriale Mauri Spagnol S.p.A.
www.maurispagnol.it

ISBN: 978-84-19004-80-2
Codigo IBIC: WBA
DL B 17.006-2022

Diseño y maquetación:
Grafime Digital S. L.

Impresión:
Grafica Veneta S.p.A. di Trebaseleghe (PD)

Impreso en Italia

ÍNDICE

Comer con la realeza 9

COMIDAS LIGERAS

Sopa de patata y puerro de Winston 13
Sopa de guisantes londinense 15
Sopa de eglefino digna de un castillo
   (*cullen skink*) 17
Sopa de repollo deslumbrante y alubias blancas . . . 19
Sopa «Una noche en Kenia» 21
Ensalada de la coronación 23
Ensalada estival de bogavante y aguacate 25
Ensalada griega sencilla 27
Ensalada de verduras al horno
   con queso Stilton 29
Zoodles de Mustique con gambas y limón 33
Cangrejo imperial 35
Vieiras a la plancha con drama 37
La quiche *lorraine* rellena de beicon del rey 39
Empanadillas de Cornualles 41
Triángulos de *spanakopita* 45
Tostada con mantequilla y alubias 49
Welsh rarebit reconfortante 51

TÉ DE LA TARDE

Sándwiches tradicionales del té inglés 55
Rosetas de manzana 59
Canapés de salmón ahumado 63
Crostini de higos y queso de cabra 65
Ensalada de pollo y aguacate sin cocinado 67
Gelatina de champán con fresas 69
Scones por la vía rápida 71
Minisándwiches con mermelada de fresas
     de temporada 73
«Cookies» shortbread clásicas 75
Magdalenas incontrovertibles 77
Típicas tortas galesas 81
Caja de trufas de chocolate 83
El pastel de chocolate y galleta favorito
     de Guillermo 85
Pastelillos esponjosos de la reina Victoria 89

CENAS EN FAMILIA

Pastel de salchichas favorito con salsa gravy 93
El kedgeree de la Dama de Hierro 97
Cassoulet de la Corona 99
El bistec gaélico de la reina 101
El chateaubriand de Wilson 103
Pastel de carne de venado 107
Guiso de cordero braseado con cerveza 111
Auténtico pastel de carne australiano 115
Faisán salvaje con salsa de vino blanco 119
Pavo de Navidad de Windsor 121
Pollo asado de compromiso matrimonial 123

Pato asado con pasas al ron 127

Salmón al horno al estilo Highgrove 131

El lenguado de Su Majestad 133

Pizza de los pequeños de la realeza 135

El curri de pollo de Catalina 137

La pasta con trufa negra de Felipe 139

Risotto de champiñones digno de un rey 141

POSTRES DELICIOSOS

Pudin de tofe no demasiado pegajoso 147

El «Eton mess» de frambuesas de Eden 151

Cranachan de frambuesas y nata 153

Mousse de chocolate belga 155

Pastel *ménage à trois* de *mousses* 157

Pastel de crema y coloridos frutos del bosque 161

La tarta de chocolate perfecta de Palacio 165

Tronco de Navidad 169

Pudin de pan al estilo Sandringham 173

Pavlova de la princesa 177

Bizcocho inspirador de limón 179

Delicioso pastel de mango en capas 183

Tarta Tatin de los amantes de París 187

Pastel de ángel de St. George 191

Napoleón artístico decorado con fruta 195

CÓCTELES CON INSPIRACIÓN

Café irlandés 201

Cóctel Earl Grey 203

Bitter no del todo *queen* 205

Dirty Shirley Temple 207

Mint julep digno de un derbi 209
Crush royale 211
Noche y día 213
Réquiem de Ígor 215
Old fashioned genuino 217
Moonwalk 219
El cóctel Dubonnet de la reina 221

Índice de recetas 223

COMER
CON LA REALEZA

The Crown, con su asombroso nivel de detalle y sus dramáticas líneas argumentales, introdujo a los espectadores en un mundo que anteriormente solo conocían los anglófilos más devotos. Ese mundo incluía la ceremonia de las cenas de Estado y de gran gala atendidas, por supuesto, por un numerosísimo personal de servicio. Pero en él había también una familia, en este caso, una familia que caza, celebra barbacoas y disfruta tomando algo frente al televisor.

Tal vez las diferentes historias de la trama se hayan adornado, pero los hábitos culinarios de los verdaderos miembros de la realeza han quedado bien definidos gracias al testimonio de huéspedes, cocineros y príncipes. Cuando no tienen invitados, los habitantes de Palacio comen según la estación y evitan desperdiciar·comida. (La propia reina Isabel devolvió a la cocina unas rodajas de limón ligeramente exprimidas para que se reutilizaran.) Sus menús se sirven en raciones pequeñas, con abundancia de ingredientes saludables y numerosas piezas de caza recién cobradas en sus propias tierras, a menudo por ellos mismos.

¿Qué más podría pedirse de un libro de cocina? Quizá esos platos con que se regalaba el príncipe Felipe y que se sabe que obtenía a escondidas del personal de cocina, en especial los que llevaban ajo, ingrediente que la reina no comía. Y, por supuesto, necesitaremos también mucho chocolate para aplacar el gusto de Su Majestad por lo dulce (gusto que transmitió a sus nietos).

La Cocina de la reina es algo más que un complemento para tus atracones de la serie *The Crown*. En el libro encontrarás deliciosas recetas inspiradas en las increíbles vidas de los auténticos miembros de la realeza, desde *scones* coronados de mermelada o pasteles de carne de venado hasta los dulces y cócteles favoritos de la reina Isabel. Y también habrá abundante ajo. La monarca quizá tuviera la última palabra en muchas cuestiones, pero aquí los condimentos son decisión tuya. Úsalos como desees, pero sobre todo… ¡disfruta!

Capítulo 1
COMIDAS LIGERAS

SOPA DE PATATA Y PUERRO DE WINSTON

Winston Churchill no era de los que se perdía una buena comida, aunque hubiera de tomarla mientras pasaba su revisión médica anual. Al fin y al cabo, dirigir un Gobierno a la edad de setenta y siete años abre mucho el apetito. La sopa era un plato especialmente apreciado por el dos veces primer ministro. Esta receta lleva la cantidad justa de nata que a él le gustaba (no demasiada) y resulta perfecta para calentarse en las frías noches inglesas.

Para 8 raciones

6 patatas Russet grandes

4 puerros grandes

3 pencas de apio grandes

1,9 l de caldo de pollo

1 hoja de laurel

1½ cucharaditas de tomillo fresco picado fino

Sal *kosher* y pimienta recién molida

240 ml de nata espesa
(+36 % MG)

Beicon cocinado y en trocitos, para acompañar

Cebollino recién picado, para acompañar

1. Lavar las verduras. Pelar las patatas y cortarlas en trozos gruesos. Trocear el tallo blanco de los puerros (descarta la parte verde) y picar el apio en trozos gruesos.

2. Introducir las patatas en una cazuela grande junto con los puerros, el apio, el caldo de pollo, la hoja de laurel y el tomillo. Calentar a fuego medio-alto y salpimentar al gusto. Llevar a ebullición y dejar cocer durante 15-20 minutos hasta que todo se haya ablandado.

3. Retirar la hoja de laurel y, con una batidora de brazo, triturarlo todo hasta obtener una textura lisa. Otra posibilidad es triturar la sopa por tandas en una batidora de vaso y luego recalentarla en el fogón.

4. Incorporar la nata a la cazuela, remover y dejar que la sopa hierva suavemente a fuego medio-alto durante unos 20 minutos, hasta que espese. Esparcir por encima unos trocitos de beicon y de cebollino y servir de inmediato.

SOPA DE GUISANTES LONDINENSE

Al igual que la niebla de Londres con la que se ha comparado (la niebla londinense recibió en su día el sobrenombre de «sopa de guisantes»), esta receta actúa con rapidez. Se trata de una sopa de cremosidad natural que no solo aporta calidez y reconforta en los días más grises, sino que además está repleta de nutrientes y sabores que alimentarán tus mayores ambiciones, como la de tocar el cielo (cuando la tierra parece hundirse bajo tus pies). La receta puede convertirse en vegetariana sustituyendo el caldo de pollo o de carne por un caldo de verduras, pero entonces necesitarás añadir una pizca de sal para que resulte igual de sabrosa.

Para 4 raciones

1 cucharadita de mantequilla sin sal

1 cebolla mediana, picada

3 dientes de ajo medianos, aplastados

870 g de guisantes frescos

75 g de espinacas frescas

950 ml de caldo de pollo o de carne

1 cucharadita de tomillo fresco

Sal *kosher* y pimienta recién molida

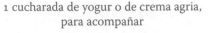

1 cucharada de yogur o de crema agria,
para acompañar

Beicon en trocitos,
para acompañar

1. Introducir la mantequilla en una cazuela grande y fundirla a fuego medio-alto. Añadir la cebolla y el ajo y remover durante unos 3 minutos, hasta que la cebolla esté traslúcida y el ajo desprenda su aroma.

2. Añadir los guisantes, las espinacas, el caldo y el tomillo, remover y llevar la mezcla a ebullición suave. Dejar cocer la sopa durante 5 minutos.

3. Triturar la sopa con una batidora de brazo hasta obtener una textura cremosa. También se puede ir triturando la sopa por tandas en una batidora de vaso y luego ponerla de nuevo al fuego para recalentarla.

4. Salpimentar la sopa al gusto y rematar con una cucharada de yogur o de crema agria y unos trocitos de beicon, si se desea.

SOPA DE EGLEFINO DIGNA DE UN CASTILLO (*CULLEN SKINK*)

Por más que los espectadores de la serie no vean a la reina madre realizar la compra, lo cierto es que finalmente adquirió el castillo de Mey en 1952. Y este delicioso *cullen skink* es el tipo de plato tradicional escocés que podría haber disfrutado allí. Puedes preparar esta sustanciosa sopa de eglefino con daditos de patatas al horno, pero si utilizas puré no solo obtendrás una base más cremosa, sino que tendrás ocasión de aprovechar las sobras de la manera más deliciosa.

Para 4 raciones

Un manojo pequeño de perejil fresco de hoja plana,
y un poco más para decorar

600 ml de leche entera

1 hoja de laurel seco

1 filete de eglefino ahumado de unos 450 g, sin colorante

4 cucharadas de mantequilla sin sal

1 cebolla mediana, picada fina

245 g de puré de patatas

Sal *kosher* y pimienta recién molida

Pan crujiente, para acompañar

1. Separar las hojas de los tallos de perejil, picarlas finamente y reservarlas.

2. Introducir en un cazo grande la leche, los tallos de perejil, la hoja de laurel y el eglefino y llevar la mezcla a ebullición suave. Dejar cocer durante 3 minutos y retirar el cazo del fuego.

3. Dejar reposar la sopa durante 5 minutos. Ayudándose de una espumadera, retirar el eglefino de la leche y reservarlo. Colar el líquido con un colador de malla fina, descartar las hierbas y reservar la leche.

4. En el mismo cazo, fundir la mantequilla a fuego medio y saltear la cebolla picada durante 3-5 minutos, hasta que esté traslúcida. Incorporar la leche reservada y luego el puré de patatas hasta obtener una sopa espesa y cremosa.

5. Con ayuda de un tenedor, desmigar el eglefino ahumado y retirar todas las espinas. Añadir a la sopa y remover.

6. Agregar las hojas de perejil y llevar la sopa a ebullición suave. Dejar cocer durante otros 5 minutos, removiendo de vez en cuando con suavidad.

7. Salpimentar la sopa al gusto. Servirla decorada con perejil y acompañada de un trozo de pan de corteza crujiente.

SOPA DE REPOLLO DESLUMBRANTE Y ALUBIAS BLANCAS

Puede parecer extraño que el príncipe Felipe llamara a Isabel «repollo deslumbrante» para consolarla por el éxito de Margarita en los Estados Unidos, pero resulta que «repollo» es uno de los muchos sobrenombres dados a la reina por su difunto marido. No solo era el sello distintivo de una pareja felizmente casada, sino también uno de los momentos más tiernos de la serie. Esta saludable y sustanciosa sopa de repollo te calentará el alma tanto como esos pequeños instantes. Resultará absolutamente deslumbrante siguiendo la receta como aquí se describe, pero también puedes emplear las especias que prefieras para hacerla tuya.

Para 4-6 raciones

2 puerros medianos

2 pencas de apio medianas

2 zanahorias medianas

2 cucharadas de aceite de oliva

2-3 dientes de ajo medianos, picados

1 cucharada de tomillo fresco picado

1 cucharada de romero fresco picado

1 cucharada de orégano fresco picado

425 g de tomate en dados en conserva (opcional)

450 g de patatas Yukon Gold, en dados

360 g de col de Milán o de repollo en tiras

850 g de alubias blancas en conserva, comunes, *cannellini*
o Great Northern, escurridas y enjuagadas

1,2 – 1,4 l de caldo de verduras bajo en sodio

Sal *kosher* y pimienta recién molida

Perejil fresco picado, para aderezar

1. Lavar los puerros, el apio y las zanahorias. Retirar las hojas de apio y la parte más verde de los puerros. Partir los puerros longitudinalmente en dos mitades y lavarlos bajo el grifo abriendo las capas para limpiarlos a la perfección. Cortar los puerros en trozos de unos 6 milímetros de ancho y cortar el apio y las zanahorias en dados.

2. Calentar el aceite a fuego medio-alto en una olla sopera o en una cazuela de hierro muy grande. Añadir los puerros, el apio y las zanahorias y saltear durante 5 minutos. Agregar el ajo, el tomillo, el romero y el orégano y saltear hasta que despidan su aroma, durante 1 minuto aproximadamente.

3. Incorporar los tomates (si se usan), las patatas, el repollo, las alubias y el caldo. Llevarlo todo a ebullición, tapar la olla y bajar el fuego al mínimo. Dejar cocer la sopa a fuego lento durante 20-30 minutos, hasta que las patatas y el repollo estén tiernos.

4. Salpimentar al gusto, repartir en cuencos y decorar con una ramita de perejil.

SOPA «UNA NOCHE EN KENIA»

Una no puede sino imaginarse cuán increíble debió de ser para la entonces princesa Isabel, que vivía relativamente protegida, ver elefantes y jirafas salvajes tan de cerca. Este tradicional *maharagwe* keniano tiene el sabor de esa noche de libertad, asombro y felicidad en Sagana Lodge. Seguro que a Felipe le alegraría saber que este plato, aunque no se coma con los dedos, tiene más de comida reconfortante y casera que de alta gastronomía. Sírvelo acompañado de un pan de maíz y este se empapará maravillosamente de todos sus sabores.

Para 4-6 raciones

½ cebolla amarilla grande, picada

⅓ pimiento morrón grande, picado

2-3 dientes de ajo medianos, picados

2 cucharaditas de cúrcuma molida

2 cucharaditas de comino molido

1 cucharadita de cilantro molido

¼ de cucharadita de cardamomo molido

Un pellizco de hojuelas de pimiento rojo

1 cucharadita de pasta de jengibre

1 jalapeño mediano, picado

2 cucharaditas de agave

850 g de alubias rojas en conserva, escurridas y enjuagadas

410 g de tomates en dados asados al fuego en conserva,
con su jugo

380 g de leche de coco entera en conserva

Sal *kosher* y pimienta recién molida

Cilantro fresco, para aderezar

1. Poner unos 5-6 milímetros de agua en una olla sopera o una cacerola grande y calentar a fuego medio. Añadir la cebolla, el pimiento morrón y el ajo y cocer durante 7-10 minutos, removiendo ocasionalmente, hasta que las verduras se ablanden. Mientras estas se cuecen, mezclar las especias en un cuenco pequeño.

2. Añadir la mezcla de especias, la pasta de jengibre y el jalapeño a la preparación con la cebolla y remover durante aproximadamente 1 minuto, hasta que se forme una pasta. Si la mezcla queda muy seca, agregar un chorrito de agua.

3. Bajar el fuego e incorporar el agave, las alubias, los tomates y la leche de coco. Ir añadiendo chorritos de agua para aligerar la sopa hasta obtener la consistencia deseada. Condimentar con sal y pimienta al gusto.

4. Cocer a fuego lento durante al menos 20 minutos, removiendo de vez en cuando. Antes de servir, probar para rectificar de sal o pimienta si es necesario.

5. Repartir la sopa en cuencos y decorar con cilantro fresco.

ENSALADA
DE LA CORONACIÓN

¿Podría haber una celebración culinaria más apropiada para la coronación de Isabel II que esta maravillosa ensalada con aliño *green goddess* («diosa verde»)? No solo es el tipo de plato ligero y saludable que le encantaba a la verdadera reina, sino que constituye un guiño al modo en que tío David describe su divina ascensión. Puedes preparar la ensalada tal como aquí se indica o bien añadir, como hubiese hecho la reina, cualquier ingrediente de temporada.

Para 8 raciones

PARA EL ALIÑO

245 g de yogur griego natural entero

25 g de perejil picado

25 g de mezcla de hierbas frescas: eneldo, menta, estragón y/o cilantro

2 cucharadas de cebollino picado

2 cucharadas de zumo de limón

½ cucharadita de ralladura de limón

1 cucharada de aceite de oliva virgen extra

2 cucharaditas de alcaparras, escurridas

1 diente de ajo mediano

¼ de cucharadita de sal *kosher*

Pimienta negra recién molida

PARA LA ENSALADA

375 g de las verduras de hoja que se prefieran

280 g de pollo o salmón, cocidos

½ cebolla morada mediana, en láminas finas

160 g de edamame

½ pepino mediano, laminado

3 rábanos medianos, laminados

6 huevos *mollet* o medio cocidos, pelados y laminados a lo largo

170 g de brotes de guisante

3 tiras de beicon, cocinadas y troceadas

2 aguacates medianos, pelados, deshuesados y laminados

165-330 g de farro cocido (opcional)

Microgreens, para aderezar

1. Para el aliño, introducir todos los ingredientes en un robot de cocina o una batidora de vaso grande y mezclar hasta que se hayan integrado bien. Reservar en la nevera hasta el momento de servir.

2. Para la ensalada, dividir los ingredientes en tres platos o cuencos grandes, disponiéndolos en filas bien delimitadas para lograr una presentación sublime, o simplemente montar la ensalada con las verduras de hoja en la base. Esparcir por encima unas *microgreens* y aderezar con unos chorritos de aliño justo antes de servir.

ENSALADA ESTIVAL
DE BOGAVANTE
Y AGUACATE

La fugaz visión de la familia de Dickie sacando bogavantes del agua, por más desgarradora que pueda resultar, evoca las muchas tardes en que disfrutan juntos de las recientes capturas. ¿Y qué mejor forma de saborearlas que sobre una base de verduras de verano? Esta receta solo lleva un aliño de limón, aceite de oliva y sal, pero una vinagreta cítrica será también una buena opción.

Para 4 raciones

2 pepinos ingleses medianos, en dados

600 g de tomates cherri o tomates cherri de pera, cortados por la mitad

2 pencas de apio medianas, laminadas

6 aguacates maduros medianos,
pelados, deshuesados y cortados en dados

2 cebolletas, laminadas

12 g de cilantro fresco picado

900 g de carne de bogavante cocida, en trozos

1 limón grande (el zumo)

60 ml de aceite de oliva virgen extra

Sal *kosher* y pimienta recién molida

Eneldo fresco troceado, para aderezar

1. En un cuenco grande, mezclar los pepinos, los tomates, el apio, los aguacates, las cebolletas y el cilantro. Remover delicadamente. Dejar reposar durante 5 minutos, añadir el bogavante y mezclar.

2. Agregar el zumo de limón, el aceite de oliva, la sal y la pimienta y mezclar todo el contenido del cuenco. Probar la ensalada para rectificar de zumo, sal o pimienta si se juzga necesario.

3. Esparcir por encima unas ramitas de eneldo fresco y servir la ensalada en el mismo cuenco para darle a este veraniego plato un estilo de pícnic.

ENSALADA
GRIEGA SENCILLA

Teniendo en cuenta todo por lo que había pasado la princesa Alicia, no sorprende que ansiara llevar una vida sencilla en Grecia. Pero cada pieza de su complicada vida se ensambló para dar lugar a esa mujer humilde y maravillosa que salva a la familia real ante la opinión pública. Al igual que la propia Alicia, este plato clásico nos ayuda a valorar las cosas sencillas gracias a una combinación de ingredientes no por simple menos deliciosa.

Para 6 raciones

PARA EL ALIÑO

60 ml de aceite de oliva virgen

60 ml de zumo de limón

2 cucharadas de vinagre de vino tinto

½ cucharadita de orégano seco

¼ de cucharadita de sal *kosher*

¼ de cucharadita de pimienta negra recién molida

PARA LA ENSALADA

1 pepino inglés, en dados

300 g de tomates cherri o tomates cherri de pera, cortados por la mitad

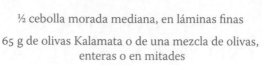

½ cebolla morada mediana, en láminas finas

65 g de olivas Kalamata o de una mezcla de olivas,
enteras o en mitades

110 g de queso feta
en dados o desmenuzado

1. Para el aliño, batir todos los ingredientes en un cuenco pequeño y reservar.

2. Para la ensalada, mezclar todos los ingredientes en una ensaladera grande. Verter por encima el aliño y mezclarlo todo para que este se distribuya uniformemente. Repartir la ensalada en raciones para los invitados o dejar que se sirvan ellos mismos, como habría preferido Alicia.

ENSALADA DE VERDURAS AL HORNO CON QUESO STILTON

Esta ensalada llena de verduras es un clásico británico que, por lo saludable de sus ingredientes y su ligereza, sin duda hubiese contado con el beneplácito de la reina Isabel. Es, además, una forma estupenda de aprovechar las verduras sobrantes del asado de la noche anterior. Si se sirve como guarnición, la receta da para cuatro raciones, pero también podría ser un delicioso plato único vegetariano para dos personas.

Para 4 raciones

PARA EL ALIÑO

1 cucharada de miel

1 cucharada de mostaza gruesa

1 cucharada de vinagre de vino blanco

1 cucharada de aceite de girasol

Sal *kosher*
y pimienta negra recién molida

PARA LA ENSALADA

55 g de sal *kosher*, y un poco más, al gusto

450 g de remolachas frescas pequeñas

1 cucharada de aceite
de oliva virgen extra

450 g de zanahorias *baby*, lavadas y secadas

1 cucharadita de mantequilla
sin sal, fundida

1½ cucharadas de miel

2 cucharadas de *whisky*

Tomillo fresco picado, al gusto

70 g de mezcla de hojas de ensalada

25 g de nueces tostadas

30 g de queso Stilton desmenuzado (u otro queso azul)

Pimienta negra recién molida

1. Para el aliño, mezclar todos los ingredientes en un cuenco o un tarro pequeño y reservar.

2. Para la ensalada, precalentar el horno a 180 °C y cubrir el fondo de una fuente de horno con una capa de sal *kosher*.

3. Lavar y secar las remolachas, mezclarlas con el aceite de oliva hasta que se impregnen bien y disponerlas sobre la sal *kosher*. Hornear las remolachas durante una hora y media, o hasta que se hayan ablandado.

4. Cuando las remolachas lleven 50 minutos en el horno, poner las zanahorias *baby* en un cuenco grande, añadir la mantequilla fundida, la miel, el *whisky* y el tomillo y mezclar hasta que se impregnen bien. Trasladar las zanahorias a otra fuente de horno y hornearlas durante 30 minutos.

5. Cuando las verduras se hayan hecho, retirarlas del horno y dejar que se enfríen durante 30 minutos. Pasado ese tiempo, pelar las remolachas y cortarlas en cuartos.

6. Montar la ensalada en una fuente de servir, disponiendo en capas sucesivas la mezcla de hojas de ensalada, las remolachas en cuartos, las zanahorias, las nueces tostadas y el Stilton desmenuzado. Condimentar con la sal y la pimienta y terminar echando un chorrito de aliño por encima.

ZOODLES
DE MUSTIQUE
CON GAMBAS Y LIMÓN

La princesa Margarita nunca fue de las que se atiene a las normas, así que es natural que constantemente infringiera la moratoria real sobre el consumo de marisco. Es justamente ante un plato como este, unas gambas de maravilloso aspecto dispuestas sobre un lecho de *zoodles* (espaguetis de calabacín), cuando ella y su sobrino consiguen conectar. Este plato fresco y cítrico encaja con Mustique por su capacidad para levantar los ánimos y dar energía al cuerpo. Para la salsa puedes emplear vino blanco o caldo de pollo, pero ya sabes cuál sería la opción de Margarita.

Para 5 raciones

4 calabacines medianos

2 cucharadas de aceite de oliva

680 g de gambas, peladas y sin la tripa

Sal *kosher* y pimienta negra recién molida

4 dientes de ajo medianos, finamente picados

2 cucharadas de mantequilla sin sal o de *ghee* (mantequilla clarificada)

1 limón mediano (la ralladura y el zumo)

60 g de vino blanco o de caldo de pollo

Un pellizco de hojuelas de pimiento rojo

15 g de perejil fresco picado, y un poco más para aderezar

Queso parmesano rallado, para acompañar

Cuartos de limón, para acompañar

1. Lavar los calabacines, desechar las puntas y, ayudándose de un espiralizador, cortarlos en forma de espaguetis. Reservar.

2. Calentar el aceite en una sartén grande a fuego medio-alto. Salpimentar las gambas por todos los lados y disponerlas con cuidado en la sartén sin que se monten. Dejar que se sellen durante 1 minuto sin moverlas.

3. Añadir el ajo a la sartén y remover las gambas. Con ayuda de unas pinzas, darle la vuelta a las gambas para que se cocinen por las partes todavía sin hacer y dejarlas durante 1 o 2 minutos más sin moverlas. Sacarlas a un plato con ayuda de unas pinzas y reservarlas.

4. Poner en la sartén la mantequilla junto con la ralladura y el zumo de limón, el vino blanco o el caldo y las hojuelas de pimiento rojo. Remover y llevar la mezcla a ebullición suave. Continuar cociendo y removiendo durante otros 2 o 3 minutos.

5. Añadir el perejil picado y luego los espaguetis de calabacín. Mezclarlos con la salsa durante unos 30 segundos, hasta que estén calientes. Agregar las gambas y mezclar con los espaguetis durante otro minuto.

6. Repartir los *zoodles* y las gambas en los platos de servir, espolvorear con perejil fresco y parmesano rallado y servir junto con un cuarto de limón.

CANGREJO
IMPERIAL

El modo de cocinar el marisco en el Palacio de Buckingham es cuestionado en más de una ocasión a lo largo de la serie. Aunque la siempre humilde Isabel se mostraba más que satisfecha con su cangrejo imperial, la versión que aquí presentamos se adaptaría mejor al refinado gusto de Dickie. Esta receta consigue conciliar a la perfección su delicioso sabor con una increíble rapidez de preparación. Las migas de *panko* le dan un maravilloso toque crujiente, pero también puedes tomar el plato con unas galletitas saladas o con pan tostado, como si fuera una crema para untar.

Para 4-6 raciones

450 g de carne de cangrejo *special* o *lump*,
revisada para eliminar trocitos de caparazón

105 g de mayonesa

2 cucharadas de mostaza de Dijon

2 cucharaditas de zumo de limón recién exprimido

1½ cucharaditas de ralladura de limón

2 cucharadas de perejil fresco de hoja plana picado

1½ cucharaditas de sazonador Old Bay

1 chalota pequeña, en láminas finas

Sal *kosher* y pimienta negra recién molida

45 g de *panko*

2 cucharadas de mantequilla sin sal, fundida

30 g de queso parmesano rallado en hilo

Galletitas saladas o pan tostado, para acompañar

1. Precalentar el horno a 190 °C.

2. En un cuenco mediano, mezclar la carne de cangrejo junto con la mayonesa, la mostaza de Dijon, el zumo y la ralladura de limón, el perejil, el sazonador Old Bay y la chalota. Condimentar la mezcla con sal y pimienta y remover de nuevo para que todo se integre bien.

3. En un cuenco pequeño, mezclar el *panko* con la mantequilla fundida hasta que las migas queden bien impregnadas. Condimentar la mezcla con un poco de sal.

4. Prensar la mezcla de cangrejo en ramequines individuales o en una fuente de horno (de aproximadamente 20 x 15 x 4 cm) y sobre ella distribuir en capas uniformes el *panko* con mantequilla y el parmesano.

5. Colocar el recipiente o los recipientes de hornear sobre una bandeja de horno con rebordes y hornear la mezcla durante unos 20 minutos, hasta que esté bien caliente y el queso fundido y el *panko* hayan tomado un color marrón dorado. Servir el cangrejo solo o acompañado con unas galletitas saladas o unas rebanadas de pan tostado.

VIEIRAS
A LA PLANCHA
CON DRAMA

Otra prueba de que la princesa Margarita es la temeraria de la familia en lo que respecta al marisco (al menos, en la serie) se nos muestra en su fiesta de cumpleaños. Un plato de vieiras maravillosamente selladas a la plancha aparece ante cada invitado, pero nadie las toca antes de que dé comienzo el espectáculo. Dejando a un lado el estallido de Margot, las vieiras a la plancha son absolutamente sublimes. Y si añadimos un poco de ajo y de vino blanco conseguiremos realzar su delicioso dulzor natural.

Para 4 raciones

450 g de vieiras, sin el músculo lateral

Sal marina fina y pimienta negra recién molida

1 cucharada de aceite de oliva virgen extra

2 cucharadas de mantequilla sin sal, en dados

1 diente de ajo mediano, rallado

1 cucharada de vino blanco seco

2 cucharadas de cebollino o cilantro, fresco y finamente picado

Limón cortado en cuartos, para acompañar

1. Secar las vieiras dándoles unos toques con papel de cocina y salpimentarlas por todos lados.

2. Calentar aceite a fuego medio-alto en una sartén de bordes altos. Cuando el aceite empiece a borbotear, introducir las vieiras cuidadosamente y sin que se monten. Dejar que se cocinen por un lado sin tocarlas durante 2-3 minutos.

3. Dar la vuelta a las vieiras ayudándose de unas pinzas y añadir la mantequilla y el ajo a la sartén. Regar las vieiras con la mezcla de mantequilla y ajo durante unos 3 minutos más, hasta que estén bien hechas.

4. Agregar el vino y dejar que las vieras se cuezan en él a fuego lento durante solo 10 segundos.

5. Servir las vieras ayudándose de unas pinzas, esparcir sobre ellas un poco de cebollino fresco picado y decorar cada plato con un trozo de limón.

LA QUICHE *LORRAINE* RELLENA DE BEICON DEL REY

Sin duda, Peter Townsend hace bien en colar disimuladamente el beicon matinal del rey contraviniendo las órdenes del médico. Con tan poco tiempo por delante, el querido padre de Isabel tiene derecho a un desayuno bien sabroso. La quiche *lorraine* es una variación digna de la realeza de los huevos con beicon básicos. En Palacio (con su completísimo personal de servicio) elaborarían la masa ellos mismos, pero una masa comprada también quedará deliciosa.

Para 4-6 raciones

1 masa quebrada salada (de unos 22 cm) congelada
y en plato hondo (forrado de aluminio)

1 cucharada de aceite de oliva

1 chalota grande, picada

4 huevos grandes

300 g de nata espesa (+36 % MG)

¼ de cucharadita de sal *kosher*

⅛ de cucharadita de cayena

Un pellizco de nuez moscada molida

225 g de beicon en lonchas gruesas,
cortado en dados y cocinado

85 g de queso Gruyère, rallado en hilos finos

Cebollino fresco picado, para aderezar

1. Colocar la rejilla del horno a media altura y precalentar el horno a 200 °C.

2. Dejar que la masa se descongele durante unos 10 minutos, hasta que se haya ablandado un poco. Pincharla con un tenedor en toda su superficie y disponerla en una bandeja de horno. Hornear la masa solo hasta que adquiera un tono dorado, durante unos 10-15 minutos.

3. Retirar la masa, reservarla y bajar la temperatura del horno a 160 °C.

4. Calentar el aceite a fuego medio-bajo en una sartén mediana. Añadir la chalota y freírla hasta que esté suave y traslúcida (no dorada), durante unos 3-4 minutos. Reservar.

5. Batir todos los huevos juntos en un cuenco mediano e incorporar la nata espesa, la sal, la cayena y la nuez moscada hasta que todo quede bien integrado.

6. Montar la quiche del siguiente modo: con la masa todavía sobre la bandeja de horno, extender la chalota sobre el fondo en una capa uniforme, repartir por encima la mitad del beicon, luego todo el Gruyère y, por último, el resto del beicon. Verter por encima la mezcla de huevo en una capa uniforme.

7. Hornear durante 45-50 minutos, hasta que el huevo haya cuajado y presente un tono ligeramente dorado. Esparcir el cebollino fresco picado sobre la quiche y servir caliente.

EMPANADILLAS
DE CORNUALLES

Si Michael Fagan tuvo o no tiempo de entablar conversación con la reina es un asunto debatible. El reconfortante sabor de un plato tradicional como estas empanadillas de Cornualles no lo es. Utilizar una variedad cerosa de patata (por ejemplo, patatas rojas, nuevas o de la variedad *fingerling*), así como enfriar la masa en la nevera durante al menos tres horas antes de elaborar las empanadillas son los factores clave para obtener esa textura laminada y mantecosa que es una delicia.

Para 6 raciones

PARA LA MASA

435 g de harina

1 cucharadita de sal *kosher*

140 g de mantequilla sin sal muy fría, rallada

140 g de manteca de cerdo, muy fría

160 ml de agua helada

PARA EL RELLENO

450 g de patatas firmes y cerosas, peladas y cortadas en dados

Sal *kosher* y pimienta negra recién molida

225 g de colinabos, pelados y cortados en dados

200 g de cebolla amarilla, picada

450 g de solomillo o de falda de ternera, en dados

115 g de mantequilla sin sal, en láminas

30 g de harina

1 huevo grande, poco batido

1. Para preparar la masa, poner la harina junto con la sal en el cuenco de un robot de cocina y pulsar varias veces hasta que ambas se integren bien. Añadir la mantequilla y la manteca de cerdo y seguir mezclando con el robot hasta obtener una textura gruesa y quebradiza. Ir agregando chorros de agua y mezclando cada vez hasta que la masa quede bien integrada, pero sin amasarla más de lo necesario.

2. Dar a la masa ya terminada forma de bola y, utilizando las manos o un rodillo, aplanarla con delicadeza hasta obtener un círculo de 2,5 centímetros de grosor. Envolver la masa en papel film y reservarla en la nevera durante al menos 3 horas o durante varios días.

3. Precalentar el horno a 180 °C y cubrir una bandeja de horno con una hoja de papel sulfurizado. Enrollar cuidadosamente la masa hasta formar un cilindro y cortarla en 6 trozos iguales. Trabajar solo con un trozo cada vez y, mientras tanto, reservar los otros en la nevera envueltos en papel film.

4. Sobre una superficie ligeramente enharinada, aplanar cuidadosamente un trozo de masa ayudándose de un rodillo hasta obtener un círculo de unos 20 centímetros de diámetro y 3 milímetros de grosor. Invertir un plato de 20 centímetros sobre la masa y cortar lo que sobre para conseguir un círculo perfecto.

5. Para preparar el relleno, apartar aproximadamente una sexta parte de las patatas y formar con ellas una línea en el centro de la masa, dejando algo menos de 2 centímetros por arriba y por abajo. Condimentar con sal y pimienta al gusto. Extender sobre las patatas una sexta parte de los colinabos, de la cebolla y de la ternera, salpimentando cada una de estas capas.

6. Extender sobre la ternera algunos trocitos de mantequilla en una fina capa y espolvorear un poco de harina sobre la mantequilla y el relleno.

7. Con los dedos mojados, humedecer los bordes del círculo. Levantar cuidadosamente ambos lados hasta unirlos por encima del relleno y presionar los bordes para sellar la masa. Con delicadeza, colocar la masa descansando sobre un costado y efectuar muescas en los bordes con un tenedor.

8. Repetir el mismo proceso con el resto de la masa y del relleno y disponer cuidadosamente las empanadillas en una bandeja de horno cubierta con papel sulfurizado.

TRIÁNGULOS DE *SPANAKOPITA*

Esta *spanakopita* se antoja el plato perfecto para homenajear al príncipe Felipe, porque nació en Grecia y porque se pasa toda la serie atrapado en el eterno triángulo que forman su deber hacia la Corona, el deber para consigo mismo y el amor verdadero que profesa a su esposa. Si estas bolsitas triangulares te parecen demasiado laboriosas, puedes optar por engrasar con mantequilla una fuente de hornear de unos 22 x 30 centímetros, colocar en ella seis hojas de pasta filo untadas de mantequilla, añadir el relleno, cubrir con otras seis hojas de pasta filo y hornear todo el conjunto durante unos 45 minutos.

Para 60 triángulos

80 ml de aceite de oliva, en cantidades separadas

900 g de espinacas frescas, lavadas y escurridas

1 manojo de cebolletas, picadas

1 diente de ajo grande, picado

15 g de eneldo picado fino

Sal *kosher* y pimienta negra recién molida

225 g de queso feta, desmenuzado

½ limón mediano (el zumo)

2 huevos grandes, poco batidos

450 g de hojas de pasta filo

230 g de mantequilla sin sal, fundida

35 g de semillas de sésamo

1. Calentar 1 cucharada de aceite en una sartén grande a fuego medio. Añadir la mitad de las espinacas y, con ayuda de unas pinzas, remover y saltear hasta que se ablanden, durante unos 2 minutos. Trasladar las espinacas a un colador, presionarlas para que suelten el exceso de líquido y picarlas en trozos gruesos. Repetir la operación con otra cucharada de aceite y el resto de las espinacas.

2. Eliminar cualquier rastro de líquido que quede en la sartén y añadir las 2 cucharadas restantes de aceite de oliva. Saltear en el aceite las cebolletas y el ajo hasta que se ablanden y despidan su aroma, durante unos 2-3 minutos. Agregar las espinacas cocinadas y el eneldo y salpimentar al gusto. Dejar que todo se cocine a fuego lento durante 1-2 minutos y luego retirar la sartén del fogón y dejar enfriar la mezcla.

3. Introducir en un cuenco grande la mezcla de espinacas frías junto con el queso feta y el zumo de limón. Remover para que todo se mezcle bien. Ir incorporando huevo batido en la cantidad que se necesite para humedecer toda la mezcla.

4. Precalentar el horno a 180 °C y engrasar una bandeja de horno con un poco de mantequilla fundida.

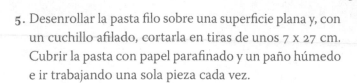

5. Desenrollar la pasta filo sobre una superficie plana y, con un cuchillo afilado, cortarla en tiras de unos 7 x 27 cm. Cubrir la pasta con papel parafinado y un paño húmedo e ir trabajando una sola pieza cada vez.

6. Poner una tira de pasta sobre la superficie de trabajo y, con ayuda de un pincel de repostería, pintarla con mantequilla fundida. Disponer una cucharada pequeña del relleno de espinacas a unos 2,5 centímetros del extremo de la tira. Plegar una esquina de la pasta sobre el relleno para formar un triángulo y continuar plegando la tira en triángulos hasta que quede un triángulo final compuesto por varias capas de pasta filo que envuelven el relleno de espinacas. Repetir la operación con el resto de las tiras y del relleno.

7. Colocar los triángulos terminados sobre la bandeja de horno engrasada y cubrirlos con una segunda hoja de papel parafinado y un paño húmedo. Justo antes de introducir los triángulos en el horno, pintarlos con un poco de mantequilla y espolvorearlos con unas semillas de sésamo. Hornear los triángulos durante 20-25 minutos, hasta que estén dorados y crujientes.

TOSTADA
CON MANTEQUILLA
Y ALUBIAS

Mientras la reina está fuera disfrutando de la comida estadounidense y buscando nuevas estirpes equinas que incrementen los triunfos de su cuadra, la devaluación de la libra hace que Inglaterra siga consumiendo clásicos británicos tan baratos como esta tostada con mantequilla y alubias. La receta que aquí se propone eleva el nivel de este sabroso básico y lo lleva un paso más allá. Para realzar todavía más sus sabores, puedes cubrir el conjunto con unas espinacas cocidas y unos tomates cherri asados.

Para 4 raciones

1 cucharada de aceite de oliva

1 chalota mediana, picada fina

¼ de cucharadita de sal marina

¼ de cucharadita de pimienta negra

2 cucharaditas de ajo en polvo

300 ml de agua

1 cucharada de vinagre de manzana

55 g de concentrado de tomate

1½ cucharadas de mostaza amarilla

4 cucharaditas de sirope de arce

2 cucharaditas de melaza no sulfurada

850 g de alubias blancas en conserva, escurridas y enjuagadas

4 rebanadas de pan consistente

Mantequilla o aceite de oliva

1. Calentar el aceite en una olla grande a fuego medio y añadir la chalota, la sal y la pimienta. Saltear la chalota hasta que esté traslúcida y tierna, durante unos 3-5 minutos.

2. Incorporar el ajo en polvo y luego el agua, el vinagre de manzana, el concentrado de tomate, la mostaza amarilla, el sirope de arce y la melaza. Mezclarlo todo hasta que quede bien integrado.

3. Añadir las alubias y subir el fuego a medio-alto. Dejar que la mezcla hierva suavemente y se reduzca durante 8-10 minutos. Remover a menudo.

4. Apagar el fuego, probar las alubias y corregir de sal y pimienta si es necesario. Tapar las alubias para mantenerlas calientes y, mientras tanto, tostar el pan en una tostadora o un horno tostador.

5. Cuando el pan adquiera un color dorado oscuro, untarlo con mantequilla o echarle unos chorritos de aceite y extender las alubias por encima. Si sobran alubias, se pueden guardar en la nevera tapadas durante un máximo de 4 días o en el congelador hasta un mes. Para consumirlas, recalentarlas en el fogón.

WELSH RAREBIT
RECONFORTANTE

Como bien aprende Carlos durante su estancia en Gales, no hay nada mejor que compartir una comida en buena compañía para aliviar la nostalgia del hogar. Este «conejo galés», que es más bien como un sabroso queso a la plancha, es uno de esos platos tradicionales y reconfortantes que trasciende fronteras. Está listo en menos de 15 minutos y su sabor es como un cálido abrazo.

Para 4 raciones

4 rebanadas de pan crujiente

4 cucharadas de mantequilla sin sal, en cantidades separadas

2 cucharadas de harina

80 ml de leche entera

120 ml de cerveza

1 cucharadita generosa de mostaza en polvo

½ cucharadita de pimentón

¼ de cucharadita de cayena

2 chorritos de salsa Worcestershire

165 g de queso Cheddar fuerte rallado

1 yema de huevo

Cebollino fresco, picado

1. Colocar el pan en una bandeja de horno. Fundir 2 cucharadas de mantequilla y pintar con ellas el pan. Introducir la bandeja en el horno y tostar el pan bajo el gratinador. Vigilarlo para sacarlo en cuanto haya adquirido el tono deseado. Reservar las tostadas.

2. Fundir las 2 cucharadas de mantequilla restantes en un cazo a fuego bajo. Ir incorporando lentamente la harina y batir hasta que se haya integrado. Cocer durante 2 minutos sin dejar de remover.

3. Incorporar la leche y la cerveza y cocer la salsa durante otro minuto, sin dejar de batir. Añadir la mostaza, el pimentón, la cayena y la salsa Worcestershire y continuar batiendo.

4. Agregar el queso y batir lentamente hasta que se funda. Seguir cociendo y removiendo durante 2 minutos más o hasta que la salsa tenga una textura suave y esté muy caliente.

5. Retirar la salsa del fogón, añadir la yema de huevo y batir. Verter de inmediato la salsa terminada sobre las tostadas, esparcir unos cebollinos sobre cada rebanada y servir caliente.

Capítulo 2

EL TÉ DE LA TARDE

SÁNDWICHES TRADICIONALES DEL TÉ INGLÉS

La merienda de la tarde, a la que los ingleses llaman té, es una comida que no puede faltar en las familias de todo el mundo, pero pocas hay que igualen a la de la familia real. Bandejas repletas de *scones*, mermeladas, dulces y sándwiches como estos, en porciones rectangulares, acompañan el té de la tarde de la reina. Por suerte, estos tres clásicos imprescindibles son muy fáciles de preparar.

Para 3 raciones

PARA LOS SÁNDWICHES DE PEPINO

2 cucharadas de queso crema

Cebollino fresco picado, al gusto

Menta fresca picada, al gusto

2 rebanadas de pan de molde

1 pepino mediano, pelado y en rodajas finas

Sal *kosher*

PARA LOS SÁNDWICHES DE SALMÓN AHUMADO

2 cucharadas de mantequilla sin sal, ablandada

1 cuarto de limón (el zumo)

2 rebanadas de pan de molde

1 loncha de salmón ahumado

PARA LOS SÁNDWICHES
DE ENSALADA DE HUEVO

1 huevo cocido, pelado

1 cucharada de mayonesa

¼ de cucharadita de mostaza

Cebollino fresco picado, al gusto

Sal *kosher* y pimienta negra recién molida

2 rebanadas de pan de molde

1. Para preparar los sándwiches de pepino, introducir el queso crema y las hierbas picadas en un cuenco pequeño y mezclar bien. Untar la mezcla sobre la cara interior de ambas rebanadas de pan. Disponer el pepino en una de las rebanadas, salar y cubrir con la otra rebanada. Ayudándose de un cuchillo afilado, retirar la corteza del contorno y cortar el sándwich en tres rectángulos iguales.

2. Para preparar los sándwiches de salmón ahumado, introducir en un cuenco pequeño la mantequilla junto con el zumo de limón y remover hasta que todo quede bien integrado. Untar la mezcla de mantequilla y limón en la cara interna de ambas rebanadas de pan, colocar la loncha de salmón en una de las rebanadas y cubrir con la otra. Con ayuda de un cuchillo afilado, retirar la corteza del contorno y cortar los sándwiches en tres rectángulos iguales.

3. Para preparar los sándwiches de ensalada de huevo, introducir el huevo cocido en un cuenco pequeño y machacarlo ligeramente con un tenedor. Incorporar la mayonesa, la mostaza, el cebollino, la sal y la pimienta hasta que todo quede bien mezclado. Extender la ensalada de huevo de manera uniforme sobre una rebanada de pan y cubrir con la otra. Con ayuda de un cuchillo afilado, retirar la corteza del contorno y cortar el sándwich en tres rectángulos iguales.

ROSETAS
DE MANZANA

La reina hubiese estado absolutamente entusiasmada con estas rosetas de manzana, por dos razones: porque serían una maravillosa forma de aprovechar los huertos de Sandringham y porque son un guiño al símbolo tradicional del Derby de Kentucky. Esta receta es solo para dos rosetas, pero puede multiplicarse con facilidad. Si vas a preparar remesas más grandes, puedes simplificar el proceso utilizando moldes para magdalenas o *muffins* en lugar de ramequines y bajando la temperatura del horno a 190 °C.

Para 2 rosetas

1 manzana roja grande, descorazonada y en rodajas muy finas

1 hoja de masa de hojaldre congelada, descongelada

4 cucharadas de mantequilla sin sal, fundida

50 g de azúcar blanco

1 cucharadita de canela en polvo

1 huevo grande

2 cucharaditas de agua

1 cucharadita de azúcar glas

1. Poner la rejilla del horno a media altura y precalentar el horno a 200 °C.

2. Colocar las rodajas de manzana en un plato apto para microondas y hornearlas en el microondas a máxima potencia durante unos 45 segundos, hasta que se ablanden. Tapar el plato con papel film y un paño de cocina y reservar.

3. Aplanar la masa de hojaldre con un rodillo hasta que tenga unos 3 milímetros de grosor y, ayudándose de un cortador de *pizza*, cortar dos rectángulos de 7 x 30 milímetros. (Reservar la masa sobrante para cualquier otra exquisitez.)

4. Pintar una cara de cada rectángulo con mantequilla fundida. Mezclar el azúcar y la canela en un cuenco pequeño y espolvorear una cantidad generosa de esta mezcla sobre la masa con mantequilla.

5. Empezando a 2,5 centímetros del extremo de la masa, colocar las rodajas de manzana sobre uno de los lados largos de cada rectángulo. Las rodajas deben quedar ligeramente montadas y la piel roja debe sobresalir unos 6 milímetros del borde de la masa.

6. Plegar los rectángulos longitudinalmente por la mitad de modo que la masa cubra las manzanas, que todavía deberán sobresalir por la parte de arriba.

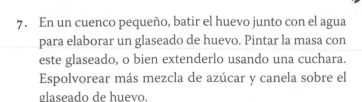

7. En un cuenco pequeño, batir el huevo junto con el agua para elaborar un glaseado de huevo. Pintar la masa con este glaseado, o bien extenderlo usando una cuchara. Espolvorear más mezcla de azúcar y canela sobre el glaseado de huevo.

8. Empezando desde uno de los lados cortos del rectángulo, enrollar la masa sin apretar para crear una roseta. Estirar y presionar suavemente el extremo de la masa para sellar la roseta.

9. Engrasar dos ramequines pequeños con mantequilla y espolvorearlos con azúcar blanco. Colocar delicadamente las rosetas en los ramequines e introducirlas en el horno, sobre la rejilla colocada a media altura. Hornearlas hasta que se doren, durante unos 45 minutos.

10. Ayudándose de unas pinzas, trasladar los ramequines a una bandeja de horno y dejar que se enfríen durante varios minutos. Sacar con cuidado las rosetas de los ramequines y dejarlas sobre una rejilla para que acaben de atemperarse. Espolvorearlas con un poco de azúcar glas y servirlas tibias.

CANAPÉS
DE SALMÓN AHUMADO

Entre los pícnics familiares en Balmoral y el retiro ecológico de Carlos en Highgrove, lo más probable es que no faltaran salmones frescos en las cocinas reales. Y desde luego el personal parece acostumbrado a sacar el máximo partido a cualquier criatura que la familia traiga de sus excursiones. Unas cuantas hierbas y la sorpresa de la ralladura cítrica convierten el salmón en una exquisitez regia para la hora del té, tanto si se ahúma en casa como si se compra ya ahumado en la tienda.

Para 30 canapés

225 g de queso fresco de cabra

1 cucharada de romero fresco picado

1 cucharada de tomillo fresco picado

2 cucharaditas de ralladura de limón

½ cucharadita de pimienta negra recién molida

2½ cucharadas de aceite de oliva virgen extra

30 rebanadas finas de pan tipo *baguette*

340 g de salmón ahumado en lonchas finas

Semillas de sésamo, para aderezar

Rúcula u otras hierbas frescas, para aderezar

1. Precalentar el horno a 180 °C. En un cuenco pequeño, mezclar el queso de cabra, las hierbas, la ralladura de limón y la pimienta.

2. Pincelar las rebanadas de *baguette* por ambas caras con aceite de oliva y colocarlas sin que se monten en una bandeja de horno grande. Hornearlas durante 5 minutos, retirar la bandeja del horno, dar la vuelta a las rebanadas con ayuda de unas pinzas y seguir horneándolas durante otros 5 minutos, hasta que el pan esté crujiente.

3. Montar los canapés: repartir la mezcla de queso entre las diferentes rebanadas tostadas y colocar encima el salmón. Decorar con unas pocas semillas de sésamo y una hoja de rúcula u otras hierbas frescas y servir.

CROSTINI DE HIGOS Y QUESO DE CABRA

Cuando Tommy Lascelles dice que le importa un higo Mike Parker, queda claro que los días de despreocupación vividos por Mike junto a su mejor amigo han llegado a su fin. Mike siempre disfrutó de la buena comida y bebida tanto como de la buena compañía (y tuvo ambas cosas en abundancia durante los viajes de la pareja). Estos *crostini* de higo y queso de cabra combinan igual de bien con una cerveza *pale ale* que con una taza de té.

Para 10 *crostini*

½ barra de pan grande

2 cucharadas de aceite de oliva

Sal *kosher* y pimienta negra recién molida

115 g de queso fresco de cabra

300 g de higos frescos, en rodajas

2 cucharadas de miel

1. Cortar la *baguette* en 10 rebanadas finas y pintarlas con aceite de oliva por ambas caras. Disponer las rebanadas en una bandeja de horno, salpimentarlas al gusto y hornearlas durante 5 minutos bajo el gratinador, o hasta que empiecen a tostarse.

2. Retirar los *crostini* del horno y disponer una cantidad similar de queso de cabra en cada rebanada. Colocar encima unas rodajas de higo y añadir un chorrito de miel.

3. Meter de nuevo la bandeja en el horno y seguir tostando los *crostini* durante otros 2-3 minutos, hasta que la miel empiece a burbujear y el pan comience a adquirir un tono dorado oscuro en los bordes. Servir los *crostini* tibios.

ENSALADA DE POLLO Y AGUACATE SIN COCINADO

Mientras la familia real lidiaba con el drama de Carlos y Camila, los ciudadanos británicos debían arreglárselas sin electricidad durante días a causa de la huelga de mineros. En esos momentos, preparar las comidas con alimentos que no precisaran refrigeración debió de ser una prioridad para muchos. Esta receta resulta perfecta para los tiempos de apagón energético, pues permite aprovechar las sobras de pollo o de maíz dulce sin tener que cocinar. Es, además, un plato estupendo para incorporar a los pícnics familiares cuando empieza a hacer más calor.

Para 6 raciones

2 pechugas de pollo medianas, cocinadas y desmenuzadas

2 aguacates maduros grandes, pelados, deshuesados y cortados en dados

80 g de maíz tostado

15 g de cebolla morada picada

2 cucharadas de cilantro o de perejil picado

2 cucharadas de zumo de lima o de limón

2 cucharadas de aceite de oliva

Sal *kosher* y pimienta negra recién molida

1. Introducir en un cuenco grande el pollo desmenuzado, el aguacate, el maíz, la cebolla y el cilantro o el perejil. Remover con suavidad para distribuir los ingredientes.

2. Añadir el zumo de limón o lima y el aceite de oliva, remover y salpimentar al gusto. Mezclarlo todo de nuevo con suavidad para asegurarse de que los ingredientes quedan uniformemente impregnados y servir.

GELATINA DE CHAMPÁN CON FRESAS

Tras una sincera conversación y un brindis optimista en el calor del verano australiano, casi parece que Carlos y Diana hayan pasado página en lo que respecta a sus problemas. El espectador, desde luego, sabe cómo acaba la historia, pero eso no impide que tú puedas disfrutar en su honor de tu propio momento dulce con este delicioso postre con sabor a champán.

Para 14 raciones

480 ml de agua fría

3 sobres (de 7 g) de gelatina neutra
en polvo

200 g de azúcar

36 cl de champán frío

36 cl de *ginger ale*

200 g de fresas recién troceadas

1. Poner el agua en un cazo pequeño y espolvorear por encima la gelatina de manera uniforme. Dejar que el agua absorba el polvo durante 2 minutos.

2. Llevar el agua a ebullición a fuego fuerte, removiendo hasta que la gelatina se disuelva por completo. Retirar el cazo del fogón.

3. Verter la mezcla de gelatina en un cuenco grande, añadir el azúcar y remover hasta que este se disuelva. Incorporar el champán y el *ginger ale* mezclados. Enfriar la gelatina en la nevera hasta que espese, durante aproximadamente 1 hora.

4. Mezclar las fresas con la gelatina y, con ayuda de una cuchara, rellenar moldes individuales o una bandeja de 7 moldes con la mezcla. Enfriar la gelatina en la nevera hasta que tenga una textura firme, durante unas 3-4 horas. Desmoldar y servir.

SCONES
POR LA VÍA RÁPIDA

Isabel tomaba a menudo el camino más rápido en situaciones en que otros preferirían ir más despacio, y no hay momento en que eso nos haga disfrutar más que cuando se prepara con insuperable desenvoltura un sencillo *scone* ante una contrita Jacqueline Kennedy. Si al ver ese *scone* (ligeramente espolvoreado con azúcar glas y que la reina corona con nata espesa y mermelada fresca) se te hizo la boca agua, esta receta es para ti. Puedes rematar el *scone* con la mermelada de la página 74.

Para 6-8 *scones*

400 g de harina con levadura

4 cucharadas de mantequilla sin sal, fría

½ cucharadita de levadura en polvo

½ cucharadita de sal

2 cucharadas de azúcar blanco

2 huevos grandes, batidos

120 ml de leche entera

Glaseado de huevo
(1 huevo grande batido junto con un chorrito de leche entera)

Azúcar glas, para decorar

1. Colocar la rejilla del horno en la posición más alta y precalentar el horno a 200 °C. Engrasar una bandeja de horno de fondo grueso con mantequilla y espolvorearla con un poco de harina.

2. Tamizar la harina en un cuenco grande. Añadir la mantequilla, la levadura, la sal y el azúcar blanco. Mezclar los ingredientes con un mezclador de masas o con las manos hasta integrarlos, pero procurando que el conjunto mantenga una textura quebradiza.

3. Hacer un hoyo en el centro de la mezcla, echar los huevos dentro y mezclarlos con cuidado. Añadir la leche, solo un poco cada vez, hasta obtener una masa ligeramente pegajosa y maleable.

4. Disponer la mezcla en una superficie enharinada y amasarla delicadamente hasta obtener una textura lisa. Ayudándose de un rodillo, aplanar muy delicadamente la masa terminada hasta que tenga unos 2 centímetros de grosor.

5. Con un cortapastas de unos 7 centímetros, cortar 6-8 círculos de masa. Disponer los círculos en la bandeja de horno preparada y pintarlos con el glaseado de huevo.

6. Hornear los *scones* en la rejilla colocada en la parte alta del horno durante 15 minutos o hasta que suban y se doren. Trasladarlos a otra rejilla para que se enfríen, espolvorearlos ligeramente con azúcar glas y servirlos.

MINISÁNDWICHES CON MERMELADA DE FRESAS DE TEMPORADA

Estos minisándwiches redondos, llamados *jam pennies* («peniques de mermelada»), eran una de las especialidades favoritas de la verdadera Isabel II, a la que le encantaba todo lo que llevaba fresas. Aunque la reina solo comía esta fruta cuando era temporada, existe una marca británica de fresas en conserva que le inspiraba la suficiente confianza como para tomarla durante todo el año. Puedes encontrarla en línea, pero ¿por qué no preparar tu propio lote de mermelada de fresas frescas en casa? ¡No hay nada igual!

Para 6 raciones

PARA LA MERMELADA

450 g de fresas frescas, sin el pedúnculo y partidas por la mitad

300 g de azúcar

2 cucharadas de zumo de limón

½ cucharadita de ralladura de limón (opcional)

PARA LOS SÁNDWICHES

4 rebanadas de pan de molde

2 cucharadas de mantequilla sin sal, ablandada

6 cucharadas de mermelada

1. Para preparar la mermelada, calentar las mitades de fresa y el azúcar en un cazo mediano a fuego medio. Llevar las fresas a ebullición sin dejar de remover e incorporar el zumo y la ralladura de limón (si se utiliza).

2. Continuar hirviendo la mermelada removiendo con frecuencia durante unos 15 minutos o hasta que llegue a los 105 °C en un termómetro de repostería.

3. Verter la mermelada ya terminada en un tarro y dejar que se enfríe antes de cerrar con la tapa. Enfriar en la nevera hasta el momento de consumir, durante un máximo de 2 semanas.

4. Para preparar los minisándwiches de mermelada, ayudarse de un cortapastas de 2,5 centímetros para cortar 6 círculos en cada rebanada de pan. Untar una cara de cada círculo con una fina capa de mantequilla, poner media cucharadita de mermelada sobre la mantequilla y cubrir con otro círculo, con la cara con mantequilla hacia abajo. Repetir la operación con los círculos restantes y servir.

«COOKIES»
SHORTBREAD
CLÁSICAS

Tal vez David pensara que el mote que le había puesto a la mujer de su hermano (*Cookie* por su presunto aspecto de cocinera, *cook* en inglés) era una ingeniosa forma de llamarla «vulgar», pero ella fue quien rio la última. De manera muy similar a la reina madre, incluso las recetas más sencillas pueden esconder una gran profundidad de sabores. Estas clásicas galletas escocesas de mantequilla solo tienen tres ingredientes, pero son un perfecto y delicioso acompañamiento para el té de la tarde. Si quieres darles un pequeño toque decadente, puedes añadir una cucharadita de extracto de vainilla a la mezcla.

Para 15 galletas

230 g de mantequilla sin sal,
ablandada

110 g de azúcar glas

250 g de harina

1. Precalentar el horno a 180 °C y cubrir dos bandejas de horno grandes con papel sulfurizado.

2. En un cuenco grande, mezclar la mantequilla y el azúcar con una batidora de brazo o un robot de repostería. Añadir la harina y mezclar hasta obtener una masa lisa y consistente.

3. Utilizando las manos, darle a la masa forma de bola. Ayudándose de un rodillo espolvoreado con harina, aplanar la masa sobre una superficie ligeramente enharinada hasta formar un círculo de unos 6 milímetros de grosor.

4. Cortar la masa en círculos con un cortapastas grande y redondo. Cuando no quede suficiente masa, formar con ella una bola, volver a aplanarla y seguir cortando hasta que se acabe del todo.

5. Disponer los círculos de masa en las bandejas preparadas y hornearlos durante 16-18 minutos, hasta que se doren o los bordes empiecen a tomar un color dorado oscuro. Dejar que las galletas se enfríen un poco en las mismas bandejas y servir.

MAGDALENAS
INCONTROVERTIBLES

David y Wallis quizá fueran figuras controvertidas, pero las magdalenas clásicas no lo son. Esta delicia francesa no habría desentonado en absoluto en una de las fastuosas fiestas parisinas de la pareja. Solo has de tener en cuenta que para esta receta necesitas moldes específicos para magdalenas. Y, como el personaje de David, las magdalenas son delicadas, así que mezcla con cuidado los ingredientes y asegúrate de disfrutarlas recién hechas.

Para 18-20 magdalenas

2 huevos grandes, a temperatura ambiente

100 g de azúcar blanco

2 cucharaditas de ralladura de limón

1 cucharadita de extracto puro de vainilla

120 g de harina tamizada

½ cucharadita de levadura

⅛ de cucharadita de sal

115 g de mantequilla sin sal, fundida,
más otras 2 cucharadas para los moldes

Azúcar glas, para decorar

1. Introducir los huevos junto con el azúcar blanco en un cuenco grande y, utilizando una batidora de brazo o un robot de repostería, batir ambos ingredientes con las varillas a velocidad alta durante al menos 8 minutos, hasta obtener una mezcla espesa y de tono pálido que caiga de las varillas en forma de cintas. Añadir la ralladura de limón y el extracto de vainilla y seguir batiendo hasta que se integren.

2. En un cuenco pequeño, mezclar a mano la harina, la levadura y la sal. Con ayuda de una espátula o una cuchara de madera, integrar delicadamente la mitad de los polvos a la mezcla de huevo, y después hacer lo mismo con la otra mitad.

3. En otro cuenco pequeño, mezclar unos 40 gramos de esta preparación con la mantequilla fundida y luego incorporar el resto de la preparación. Debe obtenerse una textura espesa y sedosa.

4. Tapar la preparación y enfriarla en la nevera durante al menos 30 minutos y sin exceder nunca los 60 minutos. En los últimos minutos, precalentar el horno a 180 °C.

5. Fundir las 2 cucharadas restantes de mantequilla y engrasar ligeramente con ellas una bandeja con moldes para magdalenas.

6. Introducir una cucharada bien generosa de la preparación (ahora ligera y aireada) en el centro de cada cavidad. Si sobra preparación, taparla y reservarla en la nevera hasta el momento de utilizarla.

7. Hornear las magdalenas durante 10-12 minutos hasta que adquieran un tono dorado intenso y la parte de arriba recupere su forma original tras presionarla.

8. Darle la vuelta a la bandeja ayudándose de una rejilla y dejar sobre esta última las magdalenas para que se enfríen. Espolvorearlas con azúcar glas y consumirlas de inmediato.

TÍPICAS
TORTAS GALESAS

Antony Armstrong-Jones (el Tony de la princesa Margarita) era cualquier cosa menos tradicional. Tanto por ser el primer plebeyo en casarse con un miembro de la realeza británica en cuatrocientos años como por la tormentosa relación que mantuvieron, no cabe duda de que este elegante y desenvuelto galés causó sensación. En ciertas ocasiones, sin embargo, se impone la tradición, como con estas tortas, ligeras y esponjosas que se deshacen en la boca.

Para 15 tortas

250 g de harina

70 g de azúcar extrafino

1 cucharadita de levadura

¼ de cucharadita de sal

½ cucharadita de macis molida

⅛ de cucharadita de canela en polvo

4 cucharadas de manteca de cerdo, muy fría

4 cucharadas de mantequilla sin sal, muy fría y cortada en dados, y un poco más para la sartén

75 g de pasas de Corinto

1 huevo grande, poco batido

2-3 cucharadas de leche entera

Azúcar blanco, para decorar

1. En un cuenco grande, mezclar la harina con el azúcar, la levadura, la sal, la macis y la canela. Con las manos, mezclar estos ingredientes secos con la manteca de cerdo y la mantequilla, presionando estos últimos contra los polvos hasta obtener una textura quebradiza. Añadir las pasas y mezclar.

2. Incorporar el huevo batido y luego la leche, una cucharada cada vez, hasta obtener una masa lisa (no pegajosa). Envolver la masa con papel film y enfriarla en la nevera durante al menos 30 minutos.

3. Aplanar la masa fría sobre una superficie enharinada hasta que tenga un grosor aproximado de 6 milímetros. Ayudándose de un cortapastas grande, cortar tantos círculos como sea posible. Cuando no haya suficiente masa, formar con lo que quede una bola, aplanarla de nuevo y seguir cortando círculos hasta que se acabe del todo.

4. Calentar una sartén de hierro fundido a fuego medio y engrasarla ligeramente con mantequilla. Cocinar los círculos de masa durante 3-4 minutos por cada cara, hasta que se hayan hecho por dentro y tengan un ligero tono dorado.

5. Dejar que las tortas se enfríen durante aproximadamente 1 minuto. Mientras tanto, poner el azúcar blanco en un cuenco poco profundo. Rebozar bien las tortas todavía tibias en el azúcar y servir de inmediato.

CAJA DE TRUFAS
DE CHOCOLATE

Pocas personas habrán visto una «caja de bombones» como la que le ofrecieron a Diana por su compromiso con el príncipe Carlos. Aunque estas trufas sean tan irresistibles como el precioso anillo de zafiro y diamantes elegido por Diana, resultan demasiado deliciosas para que te duren más de un par de días. Esta receta incluye aromas de vainilla y cereza, pero en su lugar puedes usar caramelo, menta, frutas del bosque o cualquier otro de los muchos extractos maravillosos que existen.

Para 30-40 trufas

120 g de nata espesa (+36 % MG) para montar

1 cucharadita de aroma alimentario de cereza

225 g de chocolate negro semidulce (35-65 %)
o semiamargo (65-80 %), picado fino

1 cucharadita de extracto puro de vainilla

Cacao en polvo sin azúcar, para el acabado final

1. En un cazo pequeño y de fondo grueso, calentar la nata a fuego medio hasta que hierva muy suavemente, removiendo y raspando las paredes ocasionalmente. Añadir el aroma de cereza y remover.

2. Poner el chocolate en un cuenco grande y verter por encima la nata caliente. Dejar reposar la mezcla durante 1 o 2 minutos, añadir el extracto de vainilla y remover hasta que la ganache de chocolate tenga una textura lisa y cremosa. Dejar que la ganache se enfríe un poco y luego reservarla en la nevera durante 2 horas para que adquiera consistencia.

3. Cuando la ganache se haya solidificado, ir extrayendo cucharadas para formar bolas de 2,5 centímetros. Trabajar con rapidez para evitar que el chocolate se funda e ir colocando las bolas de chocolate en una bandeja de horno cubierta con papel sulfurizado. Meter la bandeja en la nevera y dejar que los bombones se endurezcan durante toda la noche.

4. Al día siguiente, llenar un cuenco pequeño con cacao en polvo y rebozar en él los bombones, uno por uno. Las trufas que no se consuman pueden mantenerse en la nevera hasta 4 días, y lo ideal será saborearlas a temperatura ambiente.

EL PASTEL
DE CHOCOLATE Y
GALLETA FAVORITO
DE GUILLERMO

Esta es una de las especialidades favoritas del príncipe Guillermo desde que, de niño, tomaba el té junto a su abuela, también amante del chocolate. Pero, además, este pastel con galletas y sin cocción constituye un auténtico clásico para muchos británicos. Al actual príncipe de Gales le gusta tanto que rompió la tradición y, para su boda, lo pidió como pastel del novio (que en la tradición anglosajona se sirve aparte de la tarta nupcial). Para esta receta, puedes usar un molde de bizcocho redondo (como prefería la reina) o bien una bandeja cuadrada o rectangular, lo que te permitirá obtener barritas que resultarán perfectas para los niños.

Para 10-12 raciones

PARA EL PASTEL

290 g de mantequilla sin sal

115 g de sirope dorado

¼ de cucharadita de sal

170 g de chocolate negro semidulce (35-65 %), picado

3 cucharadas de cacao en polvo sin azúcar

1 cucharadita de extracto puro de vainilla

100 g de crema de cacao con avellanas

400 g de galletas tipo *digestive*, partidas en trozos de 1,25 cm

PARA LA GANACHE

115 g de chocolate negro semidulce (35-65 %), picado

120 g de nata espesa (+36 % MG)

1 cucharada de sirope dorado

Virutas de chocolate, para decorar (opcional)

1. Para preparar el pastel, engrasar el fondo y las paredes de un molde grande para pan y reservar.

2. En un cazo mediano, calentar la mantequilla junto con el sirope dorado y la sal a fuego medio y remover hasta que la mantequilla se haya fundido y los ingredientes se hayan integrado. Retirar el cazo del fuego, añadir el chocolate, el polvo de cacao y el extracto de vainilla y remover hasta obtener una textura lisa. Agregar la crema de cacao con avellanas y mezclar bien.

3. Introducir los trocitos de galleta en un cuenco grande, verter por encima la mezcla de chocolate y remover para que las galletas se impregnen bien. Verter la preparación en el molde engrasado de pan y presionar para compactarla uniformemente. Tapar el pastel con papel film, presionando para que este quede pegado a su superficie, y guardarlo en la nevera hasta que adquiera consistencia, durante al menos 6 horas o durante toda la noche.

4. Cuando el pastel se haya endurecido, preparar la ganache. Introducir el chocolate en un cuenco pequeño. Calentar la nata espesa y el sirope dorado en un cazo pequeño, removiendo de vez en cuando, hasta que el sirope se disuelva y la mezcla empiece apenas a hervir.

5. Verter la mezcla de nata sobre el chocolate, dejar sin tocar durante 5 minutos y luego remover hasta que la ganache tenga una textura lisa. Dejar reposar a temperatura ambiente hasta que espese, pero sin que se solidifique, entre 30 minutos y 1 hora.

6. Sacar el pastel de la nevera y dejar que se temple a temperatura ambiente durante 45 minutos. Desmoldar el pastel en una fuente de servir y, con una espátula, extender un tercio de la ganache enfriada sobre su superficie. Repetir el proceso dos veces más hasta cubrir por completo el pastel. Coronar con virutas de chocolate, si se desea, y servir.

PASTELILLOS ESPONJOSOS DE LA REINA VICTORIA

La reina Victoria, por ser la soberana con el segundo reinado más largo del Reino Unido (además de tatarabuela tanto de Isabel como de Felipe), estableció un inmejorable ejemplo para las futuras mujeres monarcas. Hay un pastel que lleva su nombre, el delicioso Victoria *sponge cake*, pues se dice que la reina acompañaba su té de la tarde con un bizcocho esponjoso. Estos pastelitos tienen un aspecto impresionante, pero no pueden ser más fáciles de preparar, así que incluso te dará tiempo a terminar la receta de mermelada de la página 74 para rellenarlos.

Para 12 pastelillos

190 g de harina con levadura

200 g de azúcar extrafino

230 g de mantequilla sin sal, ablandada

2 cucharaditas de levadura en polvo

4 huevos grandes

75 g de nata montada

105 g de mermelada de fresa

Azúcar glas, para decorar

Fresas cortadas en láminas, para decorar

1. Precalentar el horno a 160 °C.

2. Utilizando una batidora de brazo, mezclar en un cuenco grande la harina, el azúcar extrafino, la mantequilla ablandada, la levadura en polvo y los huevos hasta obtener una textura lisa.

3. Engrasar ligeramente unos moldes para *muffins* y, con ayuda de una cuchara, ir colocando la mezcla en las cavidades hasta llenarlas en sus tres cuartas partes.

4. Hornear los bizcochitos durante 25 minutos hasta que se doren y estén esponjosos, retirarlos del horno y colocarlos sobre una rejilla para que se enfríen.

5. Ayudándose de un cuchillo de sierra, abrir los bizcochitos por la mitad, poner una cucharada generosa de nata y otra de mermelada de fresa sobre una mitad y cubrir con la otra mitad. Espolvorear cada pastelillo con azúcar glas, coronar con un par de rodajas de fresa y servir.

Capítulo 3
CENAS EN FAMILIA

PASTEL DE SALCHICHAS FAVORITO CON SALSA *GRAVY*

Quizá Mark Thatcher sea el favorito de su madre, pero el marido de esta, Denis, tiene mucho mayor encanto. Su calidez, junto con el carácter reconfortante de esta clásica receta inglesa, podrían haber conseguido que la cena hubiera sido mucho más agradable para la pobre Carol de lo que finalmente resultó ser. Sin embargo, hay algo en lo que Mark tiene razón: la salsa es lo que da toda su gracia al plato.

Para 4 raciones

¼ de cucharadita de sal *kosher*, y un poco más al gusto

155 g de harina y 2 cucharadas más, en cantidades separadas

1 cucharadita de pimienta negra recién molida, en cantidades separadas

4 huevos grandes

300 ml de leche entera

1½ cucharadas de aceite de canola

4-5 salchichas de cerdo británicas tipo *bangers*

3 ramitas de romero

2 cucharadas de mantequilla sin sal

4 chalotas grandes, en láminas finas

360 ml de caldo de carne

2 cucharadas de nata espesa (+36% MG)
para montar

¾ de cucharádita de salsa Worcestershire

1. Precalentar el horno a 220 °C. En un cuenco grande, mezclar la sal, 155 gramos de harina y media cucharadita de pimienta. En un cuenco mediano, batir los huevos junto con la leche hasta que queden bien integrados. Verter poco a poco esta mezcla de leche (la mitad cada vez) sobre la mezcla de harina hasta obtener una textura perfectamente lisa. Reservar.

2. Calentar el aceite a fuego fuerte en una sartén de unos de 30 centímetros y de bordes altos. Añadir las salchichas y cocinarlas durante 2-3 minutos por cada lado hasta que se doren. Solo se les debe dar la vuelta una vez. Trasladar las salchichas a un plato cubierto con papel de cocina.

3. Poner las ramitas de romero en la sartén y dejar que se cocinen en la grasa hasta que desprendan aroma, durante unos 30 segundos. Colocar el romero en el mismo plato que las salchichas y retirar la sartén del fuego.

4. Trabajando con rapidez, verter la mezcla inicial en la sartén y disponer en el centro las salchichas, espaciadas entre 2,5 y 5 centímetros. Colocar las ramitas de romero alrededor de las salchichas.

5. Introducir la sartén en el horno y hornear durante unos 25-30 minutos, hasta que la preparación se hinche. Debe tener un color ligeramente dorado y estar crujiente en los bordes.

6. Mientras el plato se hornea, preparar la salsa: fundir la mantequilla en una sartén grande a fuego medio hasta que burbujee. Añadir las chalotas y cocinarlas durante unos 4 minutos removiendo ocasionalmente, hasta que estén traslúcidas. Agregar las restantes 2 cucharadas de harina, remover durante 1-2 minutos y luego ir incorporando lentamente el caldo, raspando el fondo de la sartén durante el proceso.

7. Siempre a fuego medio, llevar la salsa a ebullición muy suave removiendo de vez en cuando. Dejar que siga cociendo lentamente durante unos 3-4 minutos removiendo con frecuencia, hasta que espese. Retirar la salsa del fuego e incorporar la nata, la salsa Worcestershire y la restante media cucharadita de pimienta. Condimentar con sal al gusto y mantener caliente a fuego lento hasta el momento de servir.

8. Retirar la sartén del horno y servir de inmediato junto con la salsa caliente.

EL *KEDGEREE* DE
LA DAMA DE HIERRO

No son muchas las mujeres capaces de gobernar un país al frente de un gabinete compuesto solo por hombres y luego preparar laboriosas cenas para esos mismos hombres (ni hay muchas que estarían dispuestas a hacerlo). Margaret Thatcher era única en su género, como seguro que también lo era su *kedgeree*. Aunque la primera ministra de la ficción utilizaba huevos duros en su receta, tú puedes preparar huevos escalfados para que la tuya adquiera una maravillosa cremosidad.

Para 4 raciones

190 g de arroz o de quinoa, sin cocer

Sal *kosher*, para el agua

340 g de eglefino ahumado en filetes, sin colorante

½ chile rojo fresco, sin semillas

½ ramillete de cilantro fresco

2 dientes de ajo medianos

4 cm de jengibre

1 cucharada de aceite de oliva

1 cucharada de mantequilla sin sal

1 cucharadita de curri en polvo

275 g de verduras sobrantes cocidas
(coles de Bruselas, kale, brócoli)

Sal *kosher* y pimienta negra recién molida

1 lima mediana (el zumo)

4 huevos grandes cocidos, en cuartos

1. Preparar el arroz siguiendo las instrucciones del paquete, lavarlo y reservarlo.

2. Mientras se cocina el arroz, llevar a ebullición una olla grande de agua con sal. Sumergir en el agua los filetes de eglefino colocados dentro de un cestillo, dejar que el agua vuelva a hervir y cocer el pescado durante 10 minutos. Sacar el pescado del agua y quitarle la piel.

3. Laminar el chile, picar el cilantro y pelar y picar el ajo y el jengibre. En una sartén grande, calentar el aceite de oliva y la mantequilla a fuego medio. Cuando la mantequilla se haya fundido, rehogar el chile, la mayor parte del cilantro, el ajo y el jengibre. Dejar que la mezcla se cocine durante 10 minutos removiendo de vez en cuando, hasta que todo se ablande, y después añadir el curri en polvo.

4. Cortar en rodajas las verduras sobrantes y añadirlas a la sartén. A continuación, añadir el arroz y mezclarlo todo suavemente.

5. Desmigar el pescado hervido y mezclarlo cuidadosamente con la preparación de la sartén. Salpimentar al gusto y añadir el zumo de lima. Reducir el fuego al mínimo y seguir cocinando durante otros 3-4 minutos. Disponer encima los cuartos de huevo, decorar con el cilantro y servir.

CASSOULET
DE LA CORONA

Como tan sabiamente le dice la reina María a la joven Isabel, en ocasiones lo mejor que puedes hacer es no hacer nada. Algo sin duda cierto cuando se trata de platos como este *cassoulet* francés, que tradicionalmente se deja cocer durante horas para que se ensamblen los sabores. Por fortuna, existen versiones modernas como esta para obtener un resultado igualmente exquisito en menos tiempo.

Para 6 raciones

6 contramuslos de pollo deshuesados y sin piel (unos 700 g)

Sal *kosher* y pimienta negra recién molida

3 cucharaditas de aceite de oliva, en cantidades separadas

1 cebolla grande, picada

2 dientes de ajo medianos picados, en cantidades separadas

120 ml de vino blanco o de caldo de pollo

410 g de tomates en dados en conserva, escurridos

1 hoja de laurel seco

1 cucharadita de romero fresco picado

1 cucharadita de tomillo fresco picado

850 g de alubias *cannellini* en conserva, escurridas y enjuagadas

115 g de salchicha *kielbasa* de pavo ahumado, picada gruesa

3 tiras gruesas de beicon, cocinadas y troceadas

60 g de pan rallado blando de trigo integral

6 g de perejil fresco picado

1. Precalentar el horno a 160 °C y salpimentar el pollo por todas partes.

2. En una cazuela de hierro fundido apta para gratinador, calentar 2 cucharaditas de aceite de oliva a fuego medio. Dorar el pollo durante 3-4 minutos por ambas caras, retirar la cazuela del fogón y reservar.

3. Añadir la restante cucharadita de aceite de oliva y saltear la cebolla a fuego medio durante 2 minutos. Añadir un diente de ajo y cocinar hasta que desprenda aroma, durante aproximadamente 1 minuto. Agregar el vino blanco y llevar a ebullición al tiempo que vamos raspando el fondo de la cazuela. Cuando hierva, añadir los tomates, la hoja de laurel, el romero y el tomillo. Por último, añadir el pollo y dejar que la salsa vuelva a hervir con fuerza.

4. Tapar la cazuela y hornear durante 30 minutos. Retirar la cazuela del horno, añadir las alubias y la salchicha *kielbasa*, volver a tapar y continuar horneando durante otros 20-25 minutos, hasta que el pollo esté tierno.

5. Sacar la cazuela del horno y precalentar el gratinador. Retirar la hoja de laurel y añadir el beicon. En un cuenco pequeño, mezclar el pan rallado con el perejil y el diente de ajo restante. Espolvorear la mezcla de pan rallado sobre el *cassoulet* y gratinarlo durante 2-3 minutos, hasta que el pan haya tomado un color dorado intenso.

EL BISTEC GAÉLICO DE LA REINA

Este era uno de los platos favoritos de la antigua reina Isabel, según revela el antiguo cocinero real Darren McGrady. Aunque Su Majestad prefería la carne muy hecha, puedes dejar la tuya algo más tierna. Y puedes prescindir del extracto de levadura Marmite si no dispones de él o no eres demasiado aficionado a este producto británico de importación: la cremosa salsa aromatizada con *whisky* quedará igualmente deliciosa.

Para 6 raciones

4 filetes (de 170 g) de solomillo de ternera

Sal *kosher* y pimienta negra recién molida

2 cucharadas de aceite de oliva

4 cucharadas de mantequilla sin sal, en cantidades separadas

1 cebolla mediana, picada fina

85 g de champiñones crimini, picados

1 diente de ajo mediano, picado fino

2 cucharadas de *whisky*

240 ml de nata espesa (+36 % MG)

240 ml de caldo de pollo

¼ de cucharadita de extracto
de levadura Marmite (opcional)

1 cucharada de romero finamente picado,
y algo más para decorar

1. Salpimentar los filetes por ambas caras. En una sartén grande, calentar el aceite de oliva y 2 cucharadas de la mantequilla a fuego medio. Cuando el aceite esté caliente y la mantequilla se haya fundido, poner los filetes en la sartén y dejar que se hagan sin tocarlos durante 3-4 minutos por cada cara. Retirar los filetes de la sartén, colocarlos en un plato y dejarlos en algún lugar donde se mantengan calientes, por ejemplo, en el horno a 75 °C.

2. Poner las restantes 2 cucharadas de mantequilla en la sartén, añadir la cebolla y rehogarla durante 1 minuto. Agregar los champiñones y el ajo y saltear hasta que los champiñones se ablanden, durante unos 4 minutos más.

3. Añadir el *whisky*, la nata, el caldo de pollo y el Marmite (si se usa) y subir el fuego a medio-alto. Seguir removiendo ocasionalmente mientras el líquido se reduce y se espesa. Cuando la salsa tenga una textura de crema sedosa, retirar del fogón, probarla y rectificar de sal y pimienta si es necesario.

4. Volver a poner los filetes junto con sus jugos en la sartén, añadir el romero, remover y, ayudándose de una cuchara, regar los filetes con la salsa. Emplatar los filetes, cubrirlos de salsa y champiñones, aderezar con un poco más de romero y servir.

EL *CHATEAUBRIAND* DE WILSON

La verdad es que no puede culparse al primer ministro Wilson por preferir las cosas buenas de la vida, como un tierno y jugoso filete *chateaubriand*. Aunque él pensara que esa preferencia lo situaba fuera de onda, su confesión (y su deseo de consolar a Isabel) hace que el personaje nos caiga mejor. Si tú, como Wilson, sabes apreciar un buen corte de carne, este decadente *chateaubriand* aromatizado con vino es para ti.

Para 2-3 raciones

450 g de la parte central del solomillo

Sal *kosher* y pimienta negra recién molida

2 cucharadas de aceite de oliva

3 cucharadas de mantequilla sin sal, ablandada, en cantidades separadas

1 chalota mediana, picada fina

120 ml de vino tinto seco de cuerpo medio

120 ml de salsa *demi-glace*

1 cucharada de estragón fresco picado

Hierbas frescas picadas, para aderezar

1. Precalentar el horno a 190 °C.

2. Salpimentar la ternera por todas partes. En una sartén de hierro fundido con bordes altos, calentar a fuego medio-alto el aceite de oliva junto con 2 cucharadas de mantequilla. Cuando la mantequilla se haya fundido y burbujee, añadir la carne salpimentada y dorarla durante 3 minutos, sin tocarla. Darle la vuelta cuidadosamente con unas pinzas y dorarla por las partes sin hacer durante otros 3 minutos, hasta que toda su superficie se haya sellado.

3. Trasladar el solomillo sellado a una bandeja de horno con rejilla, meterlo en el horno y reservar la sartén con todos sus jugos. Cocinar la ternera al punto que se desee: 15 minutos poco hecha, 20 minutos al punto y 23 minutos muy hecha.

4. Retirar la bandeja del horno y colocar la ternera en una fuente de servir tibia. Cubrirla con papel de aluminio sin apretar en exceso y dejar reposar durante 15 minutos.

5. Mientras tanto, preparar la salsa de vino: mezclar la chalota con los jugos de la sartén. Saltearla a fuego medio hasta que esté blanda y traslúcida, durante unos 3 minutos. Añadir el vino y llevar la salsa a ebullición, raspando el fondo de la sartén con una espátula para despegar cualquier resto adherido. Continuar hirviendo la salsa hasta que se reduzca a la mitad, durante 3-4 minutos.

6. Añadir el *demi-glace*, remover y seguir hirviendo hasta que la salsa espese ligeramente. Retirar la sartén del fogón e incorporar la restante cucharada de mantequilla y el estragón. Probar la salsa y corregir de sal y pimienta si se desea.

7. Con ayuda de un cuchillo afilado, cortar en lonchas diagonales la carne, regarla con la salsa de vino, aderezar con hierbas frescas y servir.

PASTEL DE CARNE
DE VENADO

Cazar es parte del legado de la familia real, una actividad que encaja perfectamente con la devoción de la monarquía por la comida fresca y que casualmente es también un excelente medio para llegar a conocer a tus parientes políticos. Pero si levantarte a las cinco y media de la mañana para recechar un ciervo macho no figura en tu lista de tareas, puedes encontrar carne de venado picada en comercios especializados o en línea. El intenso sabor de esta carne combinado con verduras y hierbas frescas no se parece a ningún otro.

Para 6 raciones

1 cucharada de harina

5 cucharadas de mantequilla sin sal, cortada en dados,
en cantidades separadas

900 g de patatas, peladas y cortadas en cuartos

Sal *kosher* y pimienta negra recién molida

6 cucharadas de leche semidesnatada

1½ cucharaditas de manteca de cerdo
o de mantequilla sin sal

115 g de cebolla blanca picada

110 g de zanahorias en daditos pequeños

135 g de chirivías en daditos pequeños

110 g de apio en daditos pequeños

1 diente de ajo, picado

180 ml de oporto o de vino tinto

450 g de carne de venado picada

240 ml de caldo de carne o de pollo,
en cantidades separadas

100 g de champiñones picados

2 cucharaditas de tomillo fresco picado

Hierbas frescas picadas, para aderezar

1. Precalentar el horno a 190 °C. En un cuenco pequeño, mezclar la harina con 1 cucharada de mantequilla. Reservar en el congelador.

2. Llenar una olla grande con agua y, cuando hierva, echar las patatas. Hervir durante 15-20 minutos hasta que las patatas se hayan ablandado, pero sin que se deshagan, y luego colar.

3. Introducir las patatas hervidas en un cuenco grande y machacarlas ayudándose de un pisapatatas, un pasapurés o un tenedor. Salpimentar al gusto.

4. Volver a poner la olla grande en el fogón a fuego bajo y añadir la leche y las restantes 4 cucharadas de mantequilla. Cuando la mantequilla se haya fundido, agregar el puré de patatas y remover hasta que todo se integre bien y el conjunto tenga una textura cremosa. Reservar.

5. En una cazuela grande o una sartén de hierro fundido de bordes altos y con tapa, fundir la manteca de cerdo o la mantequilla a fuego medio. Añadir las cebollas, las zanahorias, las chirivías y el apio y saltearlo todo durante 5-6 minutos. Agregar el ajo y cocinar durante 1 minuto más. Subir el fuego a medio-alto y añadir el oporto o el vino tinto. Dejar que la mezcla hierva suavemente durante 5 minutos, hasta que el vino se haya reducido.

6. Añadir la carne picada y 80 mililitros del caldo y remover. Seguir cociendo sin dejar de remover hasta que la carne se haya dorado. Reducir a fuego medio y añadir los restantes 160 mililitros del caldo, los champiñones, el tomillo, la sal y la pimienta (al gusto). Tapar la cazuela o la sartén y dejar cocer durante 15 minutos.

7. Pasados los 15 minutos, añadir la mezcla congelada de harina a la cazuela o la sartén, poco a poco y sin dejar de remover, hasta que se haya disuelto y la salsa haya espesado (durante unos 5 minutos).

8. Retirar la sartén del fogón y cubrir la preparación de manera uniforme con el puré de patatas. Volver a salpimentar el puré (al gusto) y hornearlo todo durante 30-35 minutos, hasta que las patatas se hayan dorado. Espolvorear con hierbas frescas picadas y servir caliente directamente de la cazuela o la sartén.

GUISO DE CORDERO BRASEADO CON CERVEZA

Por lo general, los Carlos y Camila reales suelen optar por un *gin-tonic* y una copa de vino tinto, respectivamente. Pero si efectuamos una rápida búsqueda en internet obtendremos una cantidad sorprendente de imágenes en las que aparecen disfrutando de una pinta de cerveza (o de más). Este delicioso guiso aúna esa tendencia a achisparse y el tipo de sabores frescos y naturales que le encantan al actual rey.

Para 4-6 raciones

3 kg de paleta o 1,8 kg de jarretes de cordero

2 cucharaditas de sal *kosher*

1 cucharadita de pimienta negra recién molida

3 cucharadas de aceite de oliva, en cantidades separadas

2 cebollas amarillas medianas, troceadas

6 dientes de ajo medianos, machacados

480 ml de agua más 2 cucharadas,
en cantidades separadas

3 cucharadas de concentrado de tomate

30 g de harina

240 ml de cerveza negra tipo *dry stout*

720 ml de caldo de carne

1 hoja de laurel seco

1 ramita pequeña de romero fresco

2 cucharaditas de azúcar

4 zanahorias grandes, peladas y troceadas

450 g de patatas blancas pequeñas,
partidas por la mitad

110 g de apio cortado en láminas

1. Retirar el exceso de grasa del cordero y cortarlo en trozos de unos 4 centímetros. Secarlo con papel de cocina y salpimentarlo por todas partes.

2. En una cazuela grande de hierro fundido o una olla grande de fondo grueso, calentar a fuego medio-alto 1 cucharada de aceite hasta que empiece a burbujear. Sellar enteramente los trozos de carne por tandas para evitar sobrecargar la cazuela, durante unos 5-8 minutos por tanda. Dejar que cada trozo se selle bien antes de darle la vuelta y añadir una nueva cucharada de aceite al comenzar cada tanda. Trasladar la carne sellada a un cuenco grande y reservar.

3. Añadir a la cazuela las cebollas, el ajo y 2 cucharadas de agua. Cocer y remover, raspando el fondo para que se desprenda cualquier trocito adherido, hasta que las cebollas se hayan ablandado, durante unos 5 minutos. Agregar el concentrado de tomate y cocer durante unos pocos minutos más.

4. Volver a introducir el cordero junto con sus jugos en la cazuela, espolvorearlo de manera uniforme con la harina y remover hasta que la harina se haya incorporado por completo, durante 1 o 2 minutos.

5. Añadir la cerveza, el caldo de carne, los restantes 480 mililitros de agua, la hoja de laurel, el romero y el azúcar. Remover y raspar el fondo para que se desprenda cualquier trocito adherido. Llevarlo todo a ebullición, tapar la cazuela, reducir el fuego al mínimo y dejar que cueza lentamente durante 1 hora y 20 minutos, removiendo de vez en cuando.

6. Agregar las zanahorias, las patatas y el apio, tapar de nuevo la cazuela y seguir cociendo durante otros 30-40 minutos removiendo ocasionalmente, hasta que las verduras y la carne estén tiernas.

7. Retirar la hoja de laurel y el romero, probar la salsa, corregir de sal y pimienta si es necesario y servir.

AUTÉNTICO PASTEL DE CARNE AUSTRALIANO

El ritmo de la familia real en su visita a Australia tal vez sea agotador, pero los propios australianos son dados a disfrutar a fondo su tiempo y sus experiencias. Y este plato, la especialidad australiana por antonomasia, se presta indiscutiblemente a ser saboreado. Para aportarle un extra de sabor, puedes añadirle unos trocitos de beicon al relleno y rematar los pasteles ya terminados con un chorrito de kétchup.

Para 6 raciones

Cebolla mediana, picada fina

450 g de carne de ternera picada, 80 % magra

240 ml de agua, en cantidades separadas

2 pastillas de caldo de carne

55 g de concentrado de tomate

2 cucharaditas de salsa Worcestershire

Sal *kosher* y pimienta negra recién molida

3 cucharadas de harina

2 hojas de masa de hojaldre

1 huevo grande, poco batido

1. Poner la cebolla y la carne en una cazuela grande y cocinarlas, removiendo y rompiendo la carne hasta que se haya dorado bien, durante unos 7-10 minutos.

2. Añadir 180 mililitros del agua, las pastillas de caldo de carne, el concentrado de tomate, la salsa Worcestershire, la sal y la pimienta, rompiendo las pastillas de caldo a medida que vayan absorbiendo el líquido.

3. Llevar todo a ebullición suave y dejar cocer durante 15 minutos removiendo de vez en cuando.

4. En un cuenco pequeño, mezclar la harina con los restantes 60 mililitros de agua. Verter la mezcla en la cazuela, dejar que el líquido vuelva a hervir y seguir cociendo durante otros 5 minutos.

5. Retirar la cazuela del fuego y dejar que el relleno de carne se enfríe mientras se continúa con el resto de las elaboraciones.

6. Precalentar el horno a 230 °C. Trabajando con una hoja de masa cada vez, invertir una fuente de pastel sobre la masa de hojaldre y, ayudándose de un cuchillo afilado, cortar cuidadosamente un círculo unos 2,5 centímetros mayor que la fuente. Procurar cortar, no presionar.

7. Forrar con cuidado la fuente con una de las hojas de masa de hojaldre y, con ayuda de una cuchara, introducir delicadamente el relleno de carne enfriada. Humedecer con un poco de agua los bordes de la masa, cubrirla con el otro círculo y pellizcar los bordes para sellarlos. Retirar cualquier trocito de masa sobrante y pintar la cara superior del pastel con el huevo batido.

8. Hornear el pastel durante 15 minutos y luego bajar la temperatura a 190 °C y seguir horneando durante otros 25 minutos. El pastel de carne está hecho cuando la corteza tiene un color dorado oscuro.

FAISÁN SALVAJE CON SALSA DE VINO BLANCO

Antes de *The Crown*, quizá pensaras que en la realeza era todo cenas de celebración y porcelana fina. Pero la serie hizo un magnífico trabajo al mostrarnos otra vertiente en la que las reinas llevan botas de agua y se arrastran por colinas cubiertas de hierba. Esta receta celebra ese amor por la tierra. Puedes llevar el plato un paso más allá añadiendo 200 o 300 gramos de setas troceadas (salteadas durante 5 minutos en mantequilla antes de añadir las cebollas) y sirviéndolo acompañado de patatas nuevas.

Para 4 raciones

2 piernas y 2 pechugas de faisán (sin piel, si se prefiere)

Sal *kosher* y pimienta negra recién molida

1 cucharada de aceite de oliva virgen extra

4 cucharadas de mantequilla sin sal, en cantidades separadas

75 g de cebolla cortada en daditos

5 dientes de ajo medianos, picados

240 ml de vino blanco

240 ml de caldo de pollo

2 cucharadas de harina de maíz

2 cucharadas de agua

20 g de perejil rizado fresco picado fino

1. Secar el faisán dándole unos toques con papel de cocina y salpimentarlo por todos los lados.

2. En una cazuela de hierro fundido, calentar el aceite de oliva y 2 cucharadas de la mantequilla a fuego medio, hasta que la mantequilla se haya fundido y burbujee.

3. Sellar las piernas de faisán en la cazuela durante 2 minutos por cada cara, sin tocarlas durante ese tiempo. Pasado 1 minuto, añadir las pechugas y sellarlas solo hasta que estén ligeramente doradas, durante unos 2 o 3 minutos en total. Trasladar el faisán a un plato y reservar.

4. Fundir las restantes 2 cucharadas de mantequilla en la cazuela y freír en ella la cebolla y el ajo. Cocinar durante unos 3 minutos, removiendo la cebolla y raspando el fondo de la cazuela para despegar cualquier trocito de faisán adherido, hasta que la cebolla esté traslúcida. Subir a fuego fuerte y añadir el vino.

5. Dejar que el vino se reduzca a la mitad, durante 5-7 minutos. Añadir entonces el caldo de pollo y volver a poner el faisán en la cazuela junto con sus jugos. Tapar la cazuela, reducir el fuego al mínimo y dejar que todo cueza lentamente durante 20 minutos removiendo ocasionalmente, hasta que el faisán se haya hecho por dentro y esté tierno.

6. En un cuenco pequeño, mezclar la harina de maíz con el agua e incorporar la mezcla a la cazuela para espesar la salsa. Añadir el perejil fresco justo antes de servir.

PAVO DE NAVIDAD DE WINDSOR

A nadie sorprenderá que Palacio ponga toda la carne en el asador durante las Navidades, incluyendo una comida de pavo asado con todo un despliegue de bonitas guarniciones. Pero, si no dispones de un personal de servicio tan completo, con esta receta conseguirás un pavo deliciosamente jugoso y lleno de sabor sin tener que complicarte demasiado, lo que te permitirá pasar más tiempo con tu familia. Aunque seguramente la reina hubiese preferido su pavo sin ajo, no lamentarás que el tuyo lo lleve.

Para 8 raciones

115 g de mantequilla sin sal

2 limones grandes, en cantidades separadas

1 cucharadita de hojas de tomillo fresco picadas

1 pavo fresco (4,5-5,5 kg)

Sal *kosher* y pimienta negra recién molida

1 ramillete grande de tomillo fresco

1 cebolla, en cuartos

1 cabeza de ajos,
cortada por la mitad transversalmente

1. Precalentar el horno a 180 °C. Rallar la piel de uno de los limones y exprimirlo.

2. Fundir la mantequilla en un cazo pequeño a fuego medio. Añadir la ralladura y el zumo de limón y el tomillo picado, mezclar, retirar del fuego y reservar.

3. Retirar y descartar los menudillos del pavo y lavarlo por dentro y por fuera. Retirar cualquier exceso de grasa y los restos de plumas, secar el pavo dándole toquecitos con papel de cocina y salpimentar generosamente el interior.

4. Colocar el pavo en una bandeja grande para horno y rellenar la cavidad con el ramillete de tomillo, el limón restante (partido por la mitad), la cebolla y el ajo.

5. Pintar el exterior del pavo con la mezcla de mantequilla y salpimentarlo generosamente. Atar las patas juntas con cordel de cocina y meter las puntas de las alas bajo el cuerpo.

6. Introducir el pavo en el horno y hornearlo durante unas dos horas y media o hasta que los jugos salgan de color claro (comprobar haciendo un corte entre el muslo y el contramuslo).

7. Disponer el pavo terminado en una tabla de cortar, cubrirlo con papel de aluminio (sin apretar) y dejarlo reposar durante 20 minutos antes de trincharlo y servirlo.

POLLO ASADO DE COMPROMISO MATRIMONIAL

La leyenda del pollo asado que provoca proposiciones de matrimonio ya llevaba años circulando cuando Meghan Markle admitió que estaba cocinando uno en el momento en que el príncipe Enrique dobló la rodilla ante ella. Aunque no haya garantía de repetir ese mágico resultado, esta sencilla receta proporcionará una cena increíblemente sabrosa. Solo debes asegurarte de utilizar una bandeja de horno pequeña y de alta calidad para ayudar a que los sabores se incorporen bien.

Para 3-4 raciones

1 pollo para asar (de alrededor de 2 kg)

Sal *kosher* y pimienta negra recién molida

2 limones grandes

1 cabeza entera de ajos,
cortada transversalmente por la mitad

2 cucharadas de aceite de oliva, y algo más para pintar

2 cebollas, en láminas gruesas

120 ml de vino blanco seco

120 ml de caldo de pollo

1 cucharada de harina

1. Precalentar el horno a 220 °C. Quitar los menudillos y descartarlos. Secar el exterior del pollo dando unos toquecitos con papel de cocina y salpimentar generosamente el interior.

2. Cortar los limones en cuartos e introducir dos de ellos en el pollo junto con el ajo. Reservar el resto de los limones.

3. Pintar el exterior del pollo con aceite de oliva y salpimentarlo generosamente. Atar juntas las patas con un cordel de cocina y meter las puntas de las alas debajo del cuerpo. Colocar el pollo en una bandeja de horno pequeña.

4. En un cuenco grande, mezclar los limones reservados y las cebollas laminadas junto con las 2 cucharadas de aceite de oliva, 1 cucharadita de sal y ½ cucharadita de pimienta. Verter esta mezcla en la bandeja, alrededor del pollo.

5. Hornear el pollo durante aproximadamente 1 hora y 15 minutos, hasta que los jugos salgan de color claro (comprobarlo practicando un corte entre el muslo y el contramuslo). Dejar los limones y las cebollas en la bandeja y trasladar el pollo a una tabla de cortar, taparlo someramente con papel de aluminio y dejarlo reposar durante 10 minutos.

6. Poner la bandeja en el fogón a fuego medio-alto. Añadir el vino y remover y raspar para despegar del fondo cualquier trocito de adherido. Incorporar el caldo y espolvorear por encima la harina. Cocer sin dejar de remover hasta que la salsa espese, durante aproximadamente 1 minuto.

7. Añadir a la bandeja los jugos que se hayan acumulado bajo el pollo y remover. Servir el pollo trinchado en una fuente de servir o presentarlo entero en un plato bonito, acompañado de los limones, las cebollas, la salsa tibia y la guarnición que se desee.

PATO ASADO
CON PASAS AL RON

Podrá decirse lo que se quiera de la falta de tacto de Dickie, pero es alguien que sin duda sabe cómo organizar una cena de celebración. La reputación de Broadlands de ofrecer buena comida le precede, hasta el punto de que el mero hecho de pensar en ella hace que la reina María aparte momentáneamente su mente de ciertas noticias importantes. Esta receta llevará a tu mesa ese mismo suculento sabor.

Para 4 raciones

80 g de pasas

60 ml de ron

2 cucharadas de mantequilla sin sal

70 g de pan blanco en dados

¼ de cucharadita de cardamomo molido

¼ de cucharadita de salvia seca

Sal *kosher* y pimienta negra recién molida

3 manzanas pequeñas para tarta, peladas, descorazonadas y en dados

1 pato joven (de unos 2 kg)

1 cucharada de mantequilla clarificada

240 ml de agua

240 ml de vino blanco

1. Precalentar el horno a 200 °C. Enjuagar las pasas con agua fría y escurrirlas bien. Introducirlas en un cuenco pequeño junto con el ron y dejar que se hidraten mientras se prepara la receta.

2. En una sartén grande, fundir la mantequilla a fuego medio y rehogar en ella el pan. Remover de vez en cuando hasta que el pan se haya dorado y tostado, durante unos 2 minutos. Añadir el cardamomo, la salvia, la sal y la pimienta y cocinar durante 1 minuto más. Trasladar esta mezcla de pan a un cuenco y reservar.

3. Poner las manzanas en la sartén y cocinarlas durante 4 minutos removiendo ocasionalmente, hasta que empiecen a ablandarse. Añadir la mezcla de pan y luego las pasas y el ron. Cocinarlo todo durante otro minuto, trasladar la preparación a un cuenco y reservar.

4. Lavar el pato por dentro y por fuera, secarlo dándole unos toquecitos con papel de cocina y salpimentarlo generosamente por dentro y por fuera.

5. Poner la mantequilla clarificada en la misma sartén a fuego medio-alto y sellar en ella el exterior del pato. Trasladar el pato a una bandeja de horno, con la parte de la pechuga hacia arriba. Rellenar la cavidad con la preparación de manzanas y pasas, atar las patas juntas con un cordel de cocina y meter las alas bajo el ave.

6. Desglasar la sartén con un máximo de 240 mililitros de agua a fuego medio, raspando el fondo para despegar cualquier trocito adherido mientras se lleva esta salsa a ebullición. Dejar que hierva suavemente hasta que el líquido se haya reducido aproximadamente a la mitad, durante unos 5 minutos. Verter la salsa sobre el pato, ponerle una tapa a la bandeja e introducirla en el horno.

7. Hornear el pato, tapado, durante unos 30 minutos. Pasado ese tiempo, retirar la tapa y continuar la cocción durante otros 45 minutos, bañando el pato de vez en cuando con los jugos.

8. Cuando el pato ya esté asado, verter los jugos y el vino en un cazo pequeño y llevar a ebullición. Salpimentar esta salsa al gusto y servirla junto con el pato trinchado.

SALMÓN AL HORNO AL ESTILO HIGHGROVE

Como es bien sabido, el recién coronado rey Carlos es un pescador consumado y un jardinero feliz que prefiere ante todo los ingredientes ecológicos. Así que podemos imaginar que el salmón servido en su hogar de Highgrove está un escalón por encima del salmón hervido de Palacio que tanto les gusta despreciar a sus hermanos en la ficción. En honor de Carlos, puedes acompañar este estupendo plato de aromas a ajo y limón con unas verduras recién recolectadas.

Para 4 raciones

1 filete de salmón de unos 680 g

2 cucharadas de aceite de oliva suave

2 cucharadas de zumo de limón fresco

1½ cucharaditas de mostaza de Dijon

2 cucharadas de perejil fresco picado

3 dientes de ajo medianos, machacados

½ cucharadita de sal *kosher*

⅛ de cucharadita de pimienta negra recién molida

½ limón grande

1. Precalentar el horno a 230 °C y cubrir con papel de aluminio una bandeja de horno con rebordes.

2. Cortar el filete de salmón en cuatro trozos de tamaño similar y disponerlos en la bandeja de horno con la piel en la parte de abajo.

3. En un cuenco pequeño, mezclar el aceite de oliva, el zumo de limón, la mostaza, el perejil, el ajo, la sal y la pimienta.

4. Bañar generosamente con esta salsa la parte superior y los laterales del salmón. Cortar cuatro rodajas de limón y colocar una sobre cada trozo de salmón.

5. Meter la bandeja en el horno y hornear el salmón hasta que se haya cocido lo justo por dentro y se deshaga fácilmente en láminas, durante unos 12-15 minutos.

EL LENGUADO
DE SU MAJESTAD

Otro de los platos habituales entre los favoritos de la antigua reina consiste en un sencillo y saludable lenguado servido sobre una base de espinacas y calabacines. La disciplina de Isabel en lo referente a la fécula era admirable, pero este plato con sabor a limón también quedaría estupendamente con unas patatas al horno o en puré. Para conseguir una textura en láminas insuperablemente deliciosa, hazte con el lenguado más fresco que puedas encontrar.

Para 2 raciones

60 g de harina

Sal *kosher* y pimienta negra recién molida

4 filetes de lenguado fresco (85-115 g cada uno)

6 cucharadas de mantequilla sin sal, en cantidades separadas

1 cucharadita de ralladura de limón, en cantidades separadas

6 cucharadas de zumo de limón recién exprimido,
en cantidades separadas

1 cucharada de perejil fresco picado

1. Precalentar el horno a 95 °C y preparar dos fuentes refractarias.

2. En un cuenco grande y poco profundo, mezclar la harina con 2 cucharaditas de sal y 1 de pimienta.

3. Secar los filetes de lenguado dándoles toquecitos con papel de cocina y salarlos por una cara.

4. En una sartén grande de saltear, fundir 3 cucharadas de mantequilla a fuego medio hasta que empiece a dorarse. Enharinar 2 filetes de lenguado por ambas caras en la harina salpimentada y disponerlos en la mantequilla caliente.

5. Reducir el fuego a medio-bajo y dejar que el lenguado se cocine durante 2 minutos. Ayudándose de una espátula de metal, girar cuidadosamente los filetes y cocinarlos también durante 2 minutos por la otra cara.

6. Mientras se cocina esta segunda cara, añadir a la sartén ½ cucharadita de ralladura de limón y 3 cucharadas de zumo de limón. Trasladar delicadamente los filetes de pescado a las fuentes refractarias y bañarlos con esta salsa de limón. Reservar los filetes cocinados en el horno para mantenerlos calientes mientras se cocinan los restantes 2 filetes.

7. Una vez hechos estos dos últimos filetes, sacar los dos primeros del horno y, con cuidado, añadir a cada bandeja uno de los recién cocinados. Espolvorear cada bandeja con el perejil, salpimentar al gusto y servir de inmediato.

PIZZA
DE LOS PEQUEÑOS
DE LA REALEZA

De modo similar a la princesa Diana, que llevaba a los pequeños Guillermo y Enrique al McDonald's para normalizar en lo posible su infancia, a la princesa Catalina le gusta mantener un tono informal en las cenas familiares, por ejemplo, con una de las opciones favoritas de sus niños: hacer su propia *pizza*. Kate prefiere la suya con beicon por encima, pero a los miembros de tu familia puedes ofrecerles tantas posibilidades como quieran. Solo debes asegurarte de cocinar cualquier carne que utilices antes de añadirla a la *pizza*.

Para 6 raciones

300 ml de agua tibia

1 sobre (de 7 g) de levadura seca de panadería

1 cucharadita de azúcar

60 ml de aceite de canola

375-500 g de harina

425 g de salsa de tomate en conserva

1 cucharada de orégano seco

1 cucharadita de albahaca seca

450 g de queso *mozzarella light* rallado

Ingredientes adicionales al gusto

1. En un cuenco grande, mezclar el agua con la levadura y el azúcar y dejar reposar la mezcla durante 5 minutos para que se disuelva. Incorporar el aceite y la sal. Añadir la harina, 125 gramos cada vez, y mezclar hasta obtener una masa suave.

2. Colocar la masa en una superficie enharinada y amasar durante unos 2-3 minutos hasta obtener una textura lisa y elástica. Trasladarla a un cuenco engrasado y darle una vuelta para asegurarse de que se engrasa por todas partes. Tapar el cuenco y dejar que la masa fermente en un lugar cálido hasta que doble su tamaño, durante unos 45 minutos. Mientras tanto, cocinar el beicon, la carne picada, las salchichas o cualquier otra carne que desee añadirse.

3. Precalentar el horno a 200 °C. Disponer una bandeja de horno extragrande o dos medianas en el horno. (Precalentar las bandejas ayudará a que la masa esté crujiente.)

4. Cuando la masa haya aumentado, aplastarla con el puño una vez para extraer el gas. Dividir la masa en dos mitades y disponer cada mitad en una hoja de papel sulfurizado de 35 centímetros de longitud. Aplanar cada mitad de masa hasta formar dos círculos de 30 centímetros.

5. En un cuenco pequeño, mezclar la salsa de tomate con el orégano y la albahaca y extender esta salsa en cada círculo de masa. Repartir por encima el queso y cualquier otro ingrediente que se desee.

6. Trasladar cuidadosamente las *pizzas* a la(s) bandeja(s) del horno y hornearlas durante 25-30 minutos o hasta que la masa se haya dorado ligeramente y el queso se haya fundido. Cortar cada *pizza* en seis porciones y servir.

EL CURRI DE POLLO DE CATALINA

Uno de los platos favoritos de Guillermo y Catalina es el curri para llevar, si bien Catalina admite que el grado de picante que a ella le gusta resulta un poco excesivo para su marido. Esta versión ofrece un maravilloso equilibrio entre la intensidad de sabor y un picante algo más suavizado, pero siempre es posible reducir la cantidad de cayena. Si prefieres una receta más ligera, puedes utilizar solo la cuarta parte de mantequilla y sustituir la nata por un bote de leche evaporada desnatada.

Para 6 raciones

230 g de mantequilla sin sal, en cantidades separadas

1 cebolla mediana, picada

1 cucharada de ajo picado

425 g de salsa de tomate en conserva

720 ml de nata espesa (+36 % MG)

1 cucharadita de sal *kosher*

1 cucharadita de pimienta de Cayena

1 cucharadita de *garam masala*

680 g de pechuga de pollo deshuesada, sin piel y cortada en dados

2 cucharadas de aceite vegetal

2 cucharadas de *tandoori masala*

1. Precalentar el horno a 190 °C.

2. Fundir 3 cucharadas de la mantequilla a fuego medio en una sartén de bordes altos y rehogar la cebolla y el ajo. Remover a menudo y seguir cocinando hasta que la cebolla se haya caramelizado y tomado un color dorado oscuro, durante unos 15 minutos.

3. Mientras la cebolla se carameliza, fundir las restantes 13 cucharadas de mantequilla en un cazo grande a fuego medio-alto. Añadir la salsa de tomate, la nata espesa, la sal, la pimienta de Cayena y el *garam masala*. Dejar que la salsa empiece a burbujear y entonces reducir el fuego a medio-bajo. Tapar el cazo, dejar cocer la salsa suavemente durante 30 minutos removiendo de vez en cuando y, pasado ese tiempo, añadir la cebolla caramelizada.

4. Mientras la salsa se cuece, mezclar la pechuga de pollo con el aceite vegetal en un cuenco grande hasta que se impregne bien. Condimentarla con el *tandoori masala* y disponerla en una bandeja de horno.

5. Hornear la pechuga hasta que alcance una temperatura interna de unos 73-74 °C, durante unos 12 minutos.

6. Introducir el pollo horneado en la salsa, cocer suavemente durante 5 minutos y servir caliente.

LA PASTA CON TRUFA NEGRA DE FELIPE

Al difunto duque de Edimburgo, gran aficionado a la horticultura, le gustaban tanto las trufas que hizo plantar trescientos robles en Sandringham para obtener su propia cosecha. Después de doce años, cuando Felipe ya tenía noventa y siete años, se convirtió en la primera persona en cultivar el llamado «diamante negro» en suelo británico. Esta sencilla pero deliciosa receta de pasta es solo una de las posibles opciones para aprovechar del mejor modo un producto tan selecto.

Para 2 raciones

Sal *kosher* y pimienta negra recién molida

225 g de pasta seca

4 cucharadas de mantequilla sin sal

30 g de trufa negra fresca

45 g de queso parmesano rallado

Perejil fresco picado, para aderezar

1. Poner agua en una cazuela grande, llevarla a ebullición y añadir sal. Hervir la pasta siguiendo las instrucciones del paquete hasta que esté al dente.

2. En un cazo grande de fondo grueso, fundir la mantequilla a fuego lento. Rallar la mayor parte de la trufa sobre la mantequilla, remover bien y retirar el cazo del fuego.

3. Cuando la pasta esté lista, reservar 120 mililitros del agua de cocción y desechar el resto.

4. Mezclar la pasta escurrida y unos 60 mililitros del agua de cocción reservada junto con la mantequilla y la trufa. Mezclarlo todo delicadamente y a fuego lento hasta que la pasta se haya impregnado bien, añadiendo más agua de cocción a medida que se necesite. Salpimentar al gusto.

5. Repartir la pasta en dos platos, espolvorearla con el parmesano rallado, un poco de perejil fresco y el resto de la trufa, rallada o laminada. Servir de inmediato.

RISOTTO DE CHAMPIÑONES DIGNO DE UN REY

Se dice que el *risotto* de champiñones es una de las especialidades favoritas del rey Carlos, de modo que habría sido el perfecto plato romántico para que su homólogo en la ficción se lo hubiera servido a Camila durante su cena a la luz de las velas. El truco de cualquier tipo de *risotto* consiste en no dejar de remover mientras se cocina para evitar que el arroz se pegue. Si sigues esta norma, tienes garantizado un plato de exquisita cremosidad.

Para 4 raciones

1,9 l de caldo de pollo bajo en sodio

1 cucharada de aceite de oliva virgen extra

1 cebolla mediana, picada fina

2 cucharadas de mantequilla sin sal,
en cantidades separadas

2 dientes de ajo medianos, picados

450 g de champiñones, laminados

1 hoja de laurel seco

4 ramitas de tomillo fresco (las hojas)

Sal *kosher*
y pimienta negra recién molida

400 g de arroz Arborio

120 ml de vino blanco

90 g de queso parmesano recién rallado

105 g de guisantes congelados, descongelados

1. En un cazo mediano, calentar el caldo a fuego medio. Dejar que hierva muy suavemente y entonces reducir el fuego al mínimo. Tapar para mantener caliente.

2. En una olla grande o una cazuela de hierro fundido, calentar el aceite a fuego medio-alto. Freír la cebolla en el aceite removiendo a menudo hasta que esté traslúcida, durante unos 5 minutos. Añadir 1 cucharada de la mantequilla, el ajo, los champiñones, la hoja de laurel y las hojas de tomillo. Rehogar hasta que los champiñones se hayan dorado y ablandado, durante otros 4 minutos, y salpimentarlo todo al gusto. Trasladar esta mezcla de cebolla a un cuenco.

3. Fundir la restante cucharada de mantequilla en la olla. Añadir el arroz Arborio y remover con rapidez. Cocinar el arroz hasta que se haya impregnado bien de mantequilla y desprenda un aroma ligeramente tostado, durante unos 2 minutos. Agregar el vino y cocer hasta que el arroz haya absorbido la mayor parte.

4. Ayudándose de un cucharón, añadir unos 120 mililitros del caldo caliente a la olla. Continuar cociendo y removiendo el arroz hasta que haya absorbido la mayor parte del líquido. Añadir el resto del caldo, unos 120 mililitros cada vez, y seguir removiendo y dejando que el arroz absorba casi todo el líquido antes de añadir más. Detenerse cuando el *risotto* esté al dente y cremoso, lo que puede ocurrir antes de terminar el caldo, después de unos 25 minutos.

5. Mezclar la preparación de champiñones con el arroz y terminar añadiendo el parmesano y los guisantes. Servir caliente.

Capítulo 4
POSTRES DELICIOSOS

PUDIN DE TOFE NO DEMASIADO PEGAJOSO

Cuando se tiene la suerte de lord Altrincham con el tofe, quizá el postre que los ingleses llaman «pudin pegajoso» sea la forma más segura de disfrutar de esta golosina. Y, después de que su emergencia dental resultara providencial tanto para el bienintencionado periodista como para una monarquía en apuros, es posible que lord Altrincham incluso llegara a desarrollar cierta debilidad por él. Además, resulta que este sabroso postre elaborado con dátiles es uno de los favoritos de la princesa Catalina.

Para 6-8 raciones

PARA LA SALSA

480 ml de nata espesa (+36 % MG)

110 g de azúcar moreno integral

2½ cucharadas de sirope dorado

Un pellizco de sal

PARA EL PUDIN

170 g de dátiles deshuesados, picados

240 ml de agua

1 cucharadita de bicarbonato sódico

155 g de harina

1 cucharadita de levadura en polvo

½ cucharadita de sal marina fina

4 cucharadas de mantequilla sin sal

150 g de azúcar blanco

2 huevos grandes, a temperatura ambiente

1 cucharadita de extracto puro de vainilla

1. Precalentar el horno a 180 °C y engrasar con mantequilla un molde de suflé o una fuente para horno de 21,5 centímetros.

2. Para preparar la salsa, mezclar la nata junto con el azúcar moreno integral, el sirope dorado y la sal en un cazo mediano, calentar a fuego medio-alto y llevarlo todo a ebullición, removiendo a menudo para que se disuelva el azúcar.

3. Bajar el fuego y dejar que la salsa hierva muy suavemente durante unos 5 minutos sin dejar de remover, hasta obtener una textura espesa que nape el envés de una cuchara. Verter la mitad de la salsa en el molde engrasado y meter en el congelador. Reservar la otra mitad para el momento de servir.

4. Para preparar el pudin, en un cazo mediano calentar los dátiles junto con el agua a fuego medio-alto. Cuando el agua comience a hervir, retirar el cazo del fogón y añadir el bicarbonato. Tapar el cazo y reservar.

5. En un cuenco pequeño, mezclar la harina con la levadura en polvo y la sal. En un cuenco grande, batir la mantequilla junto con el azúcar blanco ayudándose de una batidora de brazo o un robot de repostería hasta obtener una textura ligera y suave. Ir incorporando gradualmente los huevos y, por último, la vainilla.

6. Incorporar la mitad de la mezcla de harina a la de mantequilla. A continuación, añadir la mezcla de los dátiles y el resto de la mezcla de harina hasta integrarlo todo bien.

7. Sacar el molde del congelador, verter la mezcla anterior sobre la salsa fría de tofe e introducir el molde en el horno durante 50 minutos, o hasta que salga limpio un palillo introducido en el centro del pudin.

8. Retirar el pudin del horno, dejar que se enfríe ligeramente, repartirlo en diferentes cuencos y bañarlo con el resto de la salsa tibia de tofe.

EL «ETON MESS» DE FRAMBUESAS DE EDEN

Un viaje a Eton marca el principio del fin para Anthony Eden. Así que preparar este tradicional postre británico, con ese nombre que podría traducirse como «el caos de Eton», parece de lo más adecuado. La nata montada casera resulta tan deliciosa como fácil de preparar, pero no puede decirse lo mismo del merengue. Por suerte, las galletas de merengue que venden las tiendas especializadas son perfectas para este postre. Cuando hayas terminado esta receta de rápida preparación, tendrás entre manos un caos mucho más placentero que el de Anthony.

Para 9 raciones

1 kg de frambuesas frescas, en cantidades separadas

350 g de azúcar blanco, en cantidades separadas

2 cucharadas de zumo de limón recién exprimido

1½ cucharadas de licor de frambuesa

600 ml de nata espesa (+36 % MG)

2 cucharaditas de extracto puro de vainilla

6 galletas de merengue compradas tipo «suspiros»
(de unos 7-8 cm), troceadas

1. Poner 500 gramos de frambuesas, 300 gramos de azúcar y el zumo de limón en una sartén de saltear de 25 centímetros. Ayudándose de un tenedor, machacar ligeramente las frambuesas. Calentar a fuego medio alto y llevarlo todo a ebullición fuerte.

2. Bajar el fuego y dejar cocer la mezcla suavemente durante unos 10 minutos removiendo de vez en cuando, hasta que tenga una textura de sirope. Añadir los restantes 500 gramos de frambuesas (reservar algunas para la presentación) y el licor de frambuesa y mezclar delicadamente. Reservar la sartén en la nevera hasta que la mezcla esté muy fría.

3. En un cuenco grande, introducir la nata, los restantes 50 gramos de azúcar y la vainilla. Utilizando las varillas de una batidora de brazo o un robot de repostería, batir los ingredientes a velocidad media-alta hasta que se formen picos firmes.

4. Montar los postres en vasos decorativos: con ayuda de una cuchara, disponer en capas la nata montada, la mezcla de frambuesas y los trozos de merengue hasta llenar los vasos. Coronar con un poco más de nata montada y unos cuantos frutos rojos frescos y servir frío.

CRANACHAN
DE FRAMBUESAS
Y NATA

Cuando el por aquel entonces príncipe Carlos hubo de enviar a sus propios hijos a un internado, no debe sorprender que prefiriera Eton a Gordonstoun. Pero, para que no te lleves una mala impresión de Escocia, aquí tienes este *cranachan* lleno de fruta con el que podrás dulcificar tus opiniones. Podría parecer bastante semejante al «Eton mess», pero este tradicional postre escocés posee un sabor y una textura propios (en especial, si dejas que la avena se hidrate en *whisky* durante la noche previa).

Para 6 raciones

LA NOCHE ANTERIOR

50 g de avena gruesa cabeza de alfiler/cortada con acero

80 ml de un buen *whisky* escocés

EL MISMO DÍA

40 g de avena gruesa cabeza de alfiler/cortada con acero

340 g de frambuesas frescas

2 cucharaditas de azúcar

3 cucharadas de miel cruda ecológica, en cantidades separadas

3 cucharadas de *whisky* escocés, en cantidades separadas

480 g de nata espesa (+36 % MG)

1. La noche previa, tostar la primera tanda de avena en una sartén de fondo grueso, removiendo durante 1-2 minutos hasta que se haya dorado ligeramente. Poner la avena tostada en un cuenco pequeño y añadir el *whisky*. Cubrir el cuenco y dejar que la avena se empape durante toda la noche.

2. El mismo día, tostar la segunda cantidad de avena y reservarla.

3. Poner las frambuesas en un cuenco grande (reservar unas cuantas para la presentación) y aplastarlas ligeramente con un tenedor. Espolvorearlas con el azúcar, añadir 1 cucharada de miel y otra cucharada de *whisky* y mezclar bien.

4. En un cuenco grande, introducir la nata espesa, las restantes 2 cucharadas de miel y las otras 2 cucharadas de *whisky*. Ayudándose de una batidora de brazo o un robot de repostería, batir la nata con las varillas hasta que se formen picos firmes. Añadir la avena remojada en *whisky* y mezclarla con delicados movimientos envolventes.

5. Montar los postres en vasos decorativos: con ayuda de una cuchara, disponer capas de nata montada, de la mezcla de frambuesas y de avena tostada hasta llenar los vasos. Esparcir por encima un poco más de avena y algunas frambuesas frescas y servir de inmediato.

MOUSSE DE CHOCOLATE BELGA

Sin duda, que envíen a tu prometido a Bruselas no es lo ideal, pero al menos Peter tiene uno de los chocolates más increíbles del mundo para consolarse durante ese receso de su relación con la princesa Margarita. Un chocolate de calidad hace que una *mousse* de chocolate pase de ser buena a ser extraordinaria, así que para esta receta asegúrate de utilizar el mejor que puedas encontrar (aunque no sea belga).

Para 6 raciones

3 cucharadas de mantequilla sin sal

170 g de chocolate negro belga semidulce (35-65 %), troceado

3 huevos grandes, yemas y claras separadas

½ cucharadita de cremor tártaro

50 g de azúcar y 2 cucharadas más, en cantidades separadas

120 ml de nata espesa (+36 % MG)

½ cucharadita de extracto puro de vainilla

1. Para preparar la *mousse*, introducir la mantequilla y los trozos de chocolate en un cuenco mediano apto para microondas y calentar en el microondas en intervalos de 20 segundos, removiendo entre uno y otro, hasta que el chocolate esté en su mayor parte fundido. Remover la mantequilla y el chocolate hasta obtener una textura lisa. Dejar que la mezcla se enfríe durante 3-5 minutos.

2. Ir incorporando las yemas de huevo (una cada vez) al chocolate hasta que se integren por completo. Reservar esta mezcla.

3. Poner las claras en un cuenco grande y batirlas a velocidad media-alta con una batidora de brazo o un robot de cocina hasta que estén espumosas. Añadir el cremor tártaro y seguir batiendo hasta que empiecen a formarse picos. Incorporar poco a poco los 50 gramos de azúcar sin dejar de batir, hasta que se formen picos firmes.

4. Con ayuda de una espátula, añadir la preparación de las claras al chocolate y mezclar con suaves movimientos envolventes hasta que se integre del todo. Reservar.

5. En otro cuenco grande, batir la nata espesa a velocidad media-alta hasta que empiece a adquirir consistencia. Añadir las restantes 2 cucharadas de azúcar y la vainilla y seguir batiendo hasta obtener una nata montada espesa.

6. Con movimientos envolventes, mezclar delicadamente la nata con el chocolate hasta incorporarla por completo.

7. Repartir la *mousse* ya terminada en seis vasos o copas y dejar que adquiera consistencia en la nevera durante al menos 2 horas antes de servirla.

PASTEL *MÉNAGE À TROIS* DE *MOUSSES*

No muchos hombres se atreverían a dejar que su amante lleve a su futura esposa a comer, pero en el caso de Diana fue una experiencia educativa sin duda necesaria. ¡Y ese trío de *mousses* de chocolate tenía un aspecto sublime! Este pastel de tres capas es una versión para compartir de ese postre. Corónalo con piel de naranja confitada como en la serie, o con cualquier fruto rojo que tengas a mano y unas pocas virutas de chocolate.

Para 12 raciones

PARA LA BASE

200 g de galletas rellenas de chocolate

4 cucharadas de mantequilla
sin sal, fundida

PARA LA *MOUSSE*
DE CHOCOLATE NEGRO

140 g de chocolate negro semidulce (35-65 %)

120 ml de nata espesa (+36 % MG)

1 cucharadita de gelatina en polvo

1 cucharada de agua fría y 1 cucharadita más

160 ml de nata para montar (35 % MG)

PARA LA *MOUSSE*
DE CHOCOLATE CON LECHE

140 g de chocolate con leche

120 ml de nata espesa (+36 % MG)

1 cucharadita de gelatina en polvo

1 cucharada de agua fría y 1 cucharadita más

160 ml de nata para montar (35 % MG)

PARA LA *MOUSSE*
DE CHOCOLATE BLANCO

140 g de chocolate blanco

120 ml de nata espesa (+36 % MG)

1 cucharadita de gelatina en polvo

1 cucharada de agua fría y 1 cucharadita más

160 ml de nata para montar (35 % MG)

Virutas de chocolate, para decorar

Frutos rojos frescos
o piel de naranja confitada, para decorar

1. Para preparar la base, triturar las galletas rellenas en un robot de cocina e ir añadiendo poco a poco la mantequilla fundida y pulsando hasta que las galletas se humedezcan de manera uniforme. Engrasar un molde redondo desmontable de 20 centímetros y aplanar la mezcla de galleta para extenderla en el fondo. Reservar en la nevera mientras se prepara la *mousse*.

2. Para preparar la *mousse* de chocolate negro, introducir el chocolate semidulce y la nata espesa en un cuenco apto para microondas y calentar en el microondas en intervalos de 20 segundos hasta que el chocolate se haya fundido en su mayor parte. Remover hasta obtener una textura lisa.

3. Introducir la gelatina y el agua fría en un cuenco pequeño y dejar que se hinche durante 5-10 minutos. Colocar este cuenco dentro de otro más grande lleno de agua caliente y remover hasta que la gelatina se disuelva. Añadirla al chocolate fundido, mezclar y dejar que la preparación se enfríe a temperatura ambiente.

4. Poner la nata para montar en un cuenco grande y batirla con una batidora de brazo o un robot de repostería hasta que se formen picos firmes. Incorporarla a la mezcla de chocolate fundido con suaves movimientos envolventes hasta que se integre todo bien.

5. Verter la *mousse* de chocolate sobre la base de galleta y reservar de nuevo en la nevera durante 15-20 minutos para que adquiera consistencia.

6. Repetir los pasos del 2 al 5 para preparar las *mousses* de chocolate con leche y chocolate blanco y añadirlas al molde. Enfriar el pastel en la nevera durante al menos 4 horas o durante toda la noche para que gane solidez.

7. Cuando llegue el momento de servir el pastel, pasar con cuidado un cuchillo por los bordes para despegarlo del molde y decorarlo con virutas de chocolate y frutos rojos frescos o pieles de naranja confitada.

PASTEL DE CREMA Y COLORIDOS FRUTOS DEL BOSQUE

Hasta los más adictos al chocolate necesitan una tregua de vez en cuando. Este delicado pastel de vainilla no solo es como un soplo de aire fresco, sino que además proporciona un lienzo perfecto para la fruta de temporada, incluida la favorita de la reina Isabel: las fresas.

Para 12 raciones

PARA EL BIZCOCHO

440 g de harina tamizada

2 cucharaditas de levadura en polvo

¾ de cucharadita de bicarbonato sódico

1 cucharadita de sal

345 g de mantequilla sin sal,
a temperatura ambiente

400 g de azúcar blanco

5 huevos grandes, a temperatura ambiente

1 cucharada de extracto puro de vainilla

420 ml de suero de leche,
a temperatura ambiente

PARA LA COBERTURA
DE CREMA DE MANTEQUILLA

345 g de mantequilla sin sal,
a temperatura ambiente

700 g de azúcar glas

5 cucharadas de nata espesa (+36 % MG)

1 cucharadita de extracto
puro de vainilla

¼ de cucharadita de sal

Frutos del bosque frescos, para decorar

1. Precalentar el horno a 180 °C. Engrasar y enharinar tres moldes de bizcocho de 22 centímetros.

2. Para preparar el bizcocho, mezclar en un cuenco grande la harina junto con la levadura en polvo, el bicarbonato y la sal. En otro cuenco grande, batir la mantequilla junto con el azúcar ayudándose de una batidora de brazo o un robot de repostería, hasta obtener una textura ligera y esponjosa. Incorporar los huevos uno a uno hasta que queden bien integrados. Añadir el extracto de vainilla y mezclar.

3. Mezclar un tercio de la combinación de ingredientes secos con la preparación húmeda e incorporar la mitad del suero de leche. Repetir la operación hasta que todos los ingredientes se hayan integrado bien y la preparación tenga una textura lisa.

4. Repartir cantidades similares de la mezcla anterior entre los tres moldes y hornear durante 25 minutos, o hasta que salga seco un palillo introducido en el centro de cada bizcocho. Colocar los bizcochos ya cocidos sobre una rejilla para que se enfríen por completo.

5. Para elaborar la cobertura, batir la mantequilla con una batidora de brazo o un robot de repostería hasta obtener una textura cremosa. Añadir gradualmente el azúcar glas sin dejar de mezclar. Agregar la nata espesa, la vainilla y la sal y seguir batiendo hasta integrarlo todo y conseguir una textura lisa. Continuar batiendo a velocidad baja durante unos 3-4 minutos, hasta que la crema tenga una textura esponjosa.

6. Desmoldar los bizcochos y, con un cuchillo de sierra, cortar cuidadosamente la capa superior y los laterales caramelizados para que los círculos queden blancos y planos.

7. Para montar el pastel, extender la crema de mantequilla sobre cada círculo y luego apilarlos unos sobre otros. Pasar una espátula de repostería por el exterior del pastel para alisar la crema de mantequilla y decorar la parte superior con frutos del bosque.

LA TARTA DE CHOCOLATE PERFECTA DE PALACIO

Quizá hayas detectado un *leitmotiv* recurrente en los postres de la difunta reina Isabel: el chocolate. Su gusto por esta cremosa tarta es otro de los pequeños datos aportados por el antiguo cocinero real Darren McGrady. Se trata de una suculenta tarta en capas que, por lo general, se prepara en un molde tipo quiche o de bordes estriados. Si no dispones de ninguno, un molde de tarta normal de 22 centímetros también funcionará maravillosamente.

Para 8 raciones

PARA LA MASA

155 g de harina

50 g de azúcar vainillado

115 g de mantequilla sin sal, en dados

1 yema de huevo

2 cucharadas de nata espesa (+36 % MG)

PARA EL RELLENO

2 huevos grandes

½ cucharadita de canela en polvo

100 g de azúcar

½ cucharadita de vinagre de vino blanco

¼ cucharadita de sal

170 g de chocolate negro semidulce (35-65 %), fundido

120 ml de agua

2 yemas de huevo

240 ml de nata espesa (+36 % MG)

½ cucharadita de canela en polvo

55 g de chocolate blanco rallado o de cacao en polvo

1. Precalentar el horno a 180 °C.

2. Para preparar la masa, introducir en un cuenco grande la harina, el azúcar vainillado y la mantequilla. Mezclar con las manos hasta obtener una textura de migas finas. Incorporar la yema de huevo y la nata. Extender la masa sobre una superficie ligeramente enharinada hasta formar un círculo de 22 centímetros de diámetro y 8 milímetros de grosor.

3. Forrar el fondo y las paredes del molde con la masa y cubrirla con papel sulfurizado. Rellenar la masa con el peso para cocer en blanco (bolitas de cerámica o legumbres secas) y hornearla parcialmente, solo hasta que empiece a dorarse, durante unos 20 minutos. Retirar del horno y colocar sobre una rejilla.

4. Mientras la masa se enfría, preparar la primera capa. Introducir los huevos, la canela, el azúcar, el vinagre y la sal en un cazo puesto al baño maría y batir hasta obtener una textura espumosa. Trasladar el cazo a una superficie fría y continuar batiendo durante unos 3 minutos, hasta que la mezcla caiga de las varillas en forma de cinta.

5. Verter el relleno dentro de la masa y hornear de nuevo hasta que suba y adquiera una consistencia firme al tacto, durante unos 15 minutos. Retirar del horno, colocar sobre una rejilla para que se enfríe y dejar que el relleno baje mientras se prepara la siguiente capa.

6. Para preparar la segunda capa, en un cuenco grande batir el chocolate semidulce fundido junto con el agua y las yemas de huevo hasta que todo se integre bien. Extender la mitad de esta mezcla sobre la primera capa y hornear durante 5 minutos. Sacar del horno y dejar que se enfríe por completo.

7. Batir la nata junto con la canela hasta que se formen picos firmes. Extender la mitad de esta nata montada sobre la última capa.

8. Incorporar la restante nata montada con canela al resto de la mezcla de chocolate trabajando con movimientos envolventes. Extender sobre la superficie de la tarta, espolvorear por encima el chocolate blanco rallado o el cacao en polvo y enfriar en la nevera hasta que adquiera consistencia, durante aproximadamente 1 hora. Desmoldar la tarta, cortar porciones y servir.

TRONCO
DE NAVIDAD

Tras el festín del pavo llega una tradición navideña quizá incluso más importante en Sandringham: compartir un glorioso tronco navideño de chocolate. Este postre, básicamente un brazo de gitano, contiene un delicado relleno de nata y una maravillosa cobertura de chocolate. El efecto navideño será total si en la cobertura efectúas unas rayas similares a vetas de madera y decoras el tronco con unas hojitas de acebo.

Para 8 raciones

PARA EL BIZCOCHO

62 g de harina

30 g de cacao en polvo sin azúcar

¼ de cucharadita de sal *kosher*

6 huevos grandes, yemas y claras separadas

150 g de azúcar blanco, en cantidades separadas

Azúcar glas, para espolvorear

PARA EL RELLENO

240 ml de nata espesa (+36 % MG)

55 g de azúcar glas

1 cucharadita de extracto puro de vainilla

Un pellizco de sal *kosher*

PARA LA COBERTURA

115 g de mantequilla sin sal, ablandada

225 g de azúcar glas, y un poco más para espolvorear

30 g de cacao en polvo

½ cucharadita de extracto puro de vainilla

2 cucharadas de nata espesa (+36 % MG)

Un pellizco de sal *kosher*

1. Precalentar el horno a 180 °C. Cubrir con papel sulfurizado una bandeja de horno apta para brazo de gitano o un molde de 38 x 25 x 2,5 centímetros y engrasar el papel.

2. Para preparar el bizcocho, mezclar en un cuenco mediano la harina, el polvo de cacao y la sal. En un cuenco grande, batir las yemas de huevo con unas varillas. Añadir poco a poco 100 gramos de azúcar blanco y luego la mezcla de harina hasta que todo se integre bien.

3. En otro cuenco, batir las claras hasta que se formen picos suaves. Añadir poco a poco los restantes 50 gramos de azúcar blanco y continuar batiendo hasta que se formen picos firmes. Añadir la mitad de la preparación de claras a la de yemas y mezclarla con movimientos envolventes. Repetir con la otra mitad.

4. Verter uniformemente esta preparación en el molde y hornearla durante unos 12 minutos, hasta que la parte superior recupere su forma tras presionarla ligeramente. Espolvorear un paño limpio de cocina con azúcar glas y darle la vuelta al bizcocho caliente sobre el paño. Retirar el papel sulfurizado.

5. Enrollar el bizcocho desde el lado corto junto con el paño hasta formar un rollo apretado. Dejar enfriar por completo mientras se prepara el relleno.

6. Para preparar el relleno, introducir la nata, el azúcar glas, la vainilla y la sal en un cuenco grande y batirlos con una batidora de brazo hasta que se formen picos firmes. Enfriar el relleno en la nevera.

7. Cuando el bizcocho se haya enfriado, desenrollarlo y extender por encima el relleno de forma homogénea, dejando algo más de 1 centímetro de margen hasta los bordes. Enrollar cuidadosamente el bizcocho, esta vez sin el paño, hasta formar un tronco. Colocar el bizcocho en una bandeja de hornear (con la juntura en la parte de abajo) y enfriarlo en la nevera durante 1 hora.

8. Para preparar la cobertura, batir la mantequilla en un cuenco grande e incorporar el azúcar glas y el polvo de cacao hasta que no se perciba ningún grumo. Por último, añadir la vainilla, la nata espesa y la sal hasta que todo se integre bien. Cubrir el pastel con esta crema de mantequilla chocolateada y espolvorearla ligeramente con azúcar glas antes de servir el tronco.

PUDIN DE PAN AL ESTILO SANDRINGHAM

Los miembros de la realeza pueden aprovechar al máximo las frutas frescas procedentes de las tierras familiares, que cuentan con huertos y cultivos espléndidos. Esta receta quiere celebrar sus preciadas manzanas, así como el amor de Diana por el pudin de pan de los cocineros reales. Sirve este postre tibio, junto con la salsa que aquí se propone o con una bola de helado de vainilla: cualquiera de estas opciones complementará a la perfección el sabor de las manzanas al horno.

Para 8 raciones

PARA EL PUDIN

10 rebanadas de *brioche* de mantequilla,
cada una cortada en 4 triángulos

220 g de azúcar moreno

420 ml de leche

4 cucharadas de mantequilla sin sal

350 g de manzanas peladas, descorazonadas y cortadas en rodajas

40 g de pasas Golden

1 cucharadita de canela en polvo

½ cucharadita de extracto puro de vainilla

2 huevos grandes, batidos

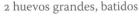

PARA LA SALSA DE VAINILLA

50 g de azúcar blanco

55 g de azúcar moreno

120 ml de leche entera

115 g de mantequilla sin sal

1 cucharadita de extracto
puro de vainilla

1. Precalentar el horno a 180 °C y engrasar una fuente para horno de 18 x 28 centímetros.

2. Para preparar el pudin, poner el *brioche* en un cuenco grande. En un cazo pequeño, calentar la leche junto con el azúcar moreno y la mantequilla a fuego medio. Remover hasta que la mantequilla se funda y todo se haya integrado bien. Verter esta mezcla sobre el pan y remover para impregnarlo bien.

3. En la fuente para horno, ir disponiendo capas de triángulos de *brioche* y de manzana y después esparcir las pasas por encima. Una alternativa más sencilla sería verterlo todo en la fuente.

4. En un cuenco pequeño, batir los huevos junto con la canela y la vainilla y verter esta mezcla de manera uniforme sobre la preparación de pan.

5. Hornear durante 40-50 minutos, o hasta que el centro haya cuajado, las manzanas estén tiernas y el pan se haya hinchado y tomado un color dorado.

6. Mientras se hornea el pudin, preparar la salsa de vainilla. En un cazo mediano, calentar la leche junto con los azúcares y la mantequilla a fuego medio-alto. Llevar a ebullición, retirar del fuego y añadir la vainilla.

7. Servir el pudin de pan todavía tibio acompañado de la salsa.

PAVLOVA
DE LA PRINCESA

Pocos postres son tan prototípicos de Australia como la dulce y etérea tarta Pavlova, así bautizada por la famosa bailarina Anna Pavlova, que durante su gira por el país recibió tanta adoración como la propia Diana. Al igual que la por aquel entonces princesa de Gales, este postre de merengue es hermoso a la vez que extraordinariamente sencillo. Necesita tan solo unos pocos ingredientes que se coronan con nata montada y fruta fresca. Si el tiempo es especialmente húmedo, deja la tarta durante varias horas en el horno tibio después de hornearla para que se asiente.

Para 8-10 raciones

4 claras de huevos grandes

200 g de azúcar extrafino

1 cucharadita de extracto puro de vainilla

½ cucharadita de cremor tártaro

1 cucharadita de harina de maíz

60 g de nata montada, para la cobertura

Fruta fresca, para la cobertura

Sirope de fruta o mermelada, para la cobertura

1. Precalentar el horno a 180 °C y forrar una bandeja de horno grande con papel sulfurizado o un tapete de silicona.

2. Ayudándose de una batidora de brazo o un robot de repostería equipados con las varillas, batir las claras de huevo hasta que se formen picos suaves, durante unos 5 minutos. Añadir la mitad del azúcar, batir durante 30 segundos, agregar el resto del azúcar y continuar batiendo a velocidad alta durante unos 2 minutos más, hasta que se formen picos firmes y brillantes. Por último, añadir la vainilla y batir durante 1 minuto más.

3. Con ayuda de una espátula, incorporar con suaves movimientos envolventes el cremor tártaro y la harina de maíz y luego, en la bandeja de horno ya preparada, extender la mezcla en un círculo de unos 22 centímetros. Extender con la espátula desde el centro hacia fuera de modo que se formen bordes más altos alrededor de un hueco central.

4. Introducir la bandeja en el horno y de inmediato bajar la temperatura a unos 90-95 °C. Hornear hasta que la tarta adquiera firmeza y se haya secado, durante aproximadamente 1 hora y 30 minutos, girando la bandeja según se necesite para evitar que algunas partes se doren en exceso, pero abriendo el horno lo menos posible durante el horneado.

5. Apagar el horno, pero dejar la tarta dentro hasta que se enfríe. Servir de inmediato, con una cobertura de nata montada, fruta fresca y sirope o mermelada (si se desea).

BIZCOCHO INSPIRADOR DE LIMÓN

Billy Graham tal vez fuera un personaje inspirador para la difunta reina de Inglaterra (al menos para la de ficción), pero no dejaba de ser un hombre de gustos sencillos. Se dice que su plato favorito era el bizcocho cuatro cuartos de limón que hacía su madre, recubierto con un glaseado de manteca de cerdo. Esta es una versión actualizada de esa receta familiar con la que obtendremos un bizcocho maravillosamente húmedo y sabroso.

Para 8-10 raciones

PARA EL BIZCOCHO

190 g de harina

½ cucharadita de levadura en polvo

½ cucharadita de sal

230 g de mantequilla sin sal, ablandada

200 g de azúcar blanco

3 huevos grandes, a temperatura ambiente

60 g de crema agria, a temperatura ambiente

3 cucharadas de zumo de limón recién exprimido

Ralladura de 1 limón mediano

1 cucharadita de extracto puro de vainilla

PARA EL GLASEADO

112 g de azúcar glas, tamizado

1½ cucharadas de zumo de limón

1 cucharada de nata espesa (+36 % MG)

1. Colocar la rejilla del horno en la posición inmediatamente inferior al centro y precalentar el horno a 180 °C. Engrasar un molde de pan de unos 22 x 12 centímetros.

2. Para preparar el bizcocho, mezclar en un cuenco grande la harina junto con la levadura y la sal. Reservar.

3. En otro cuenco grande, mezclar a velocidad alta la mantequilla junto con el azúcar blanco utilizando una batidora de brazo o un robot de repostería equipados con la pala, rebañando el cuenco cuando sea necesario. Reducir a velocidad baja e ir añadiendo los huevos de uno en uno. Dejar de mezclar y añadir la crema agria, el zumo y la ralladura de limón y la vainilla. Mezclar a velocidad media hasta que todo se integre, rebañando el cuenco cuando sea necesario.

4. Reducir a velocidad baja e ir añadiendo poco a poco los ingredientes secos hasta que se integren bien. Aplastar con una espátula cualquier grumo grande que pueda formarse y evitar mezclar más tiempo del necesario.

5. Verter la preparación en el molde de pan y hornear durante 45-60 minutos, cubriendo el molde someramente con papel de aluminio a media cocción. Para comprobar si el bizcocho está hecho, pincharlo con un palillo en el centro: el palillo debe salir seco.

6. Colocar el bizcocho sobre una rejilla y dejar que se enfríe durante 1 hora dentro del molde. Pasado ese tiempo, desmoldarlo cuidadosamente y dejar que siga enfriándose en la rejilla.

7. Para preparar el glaseado, en un cuenco grande batir el azúcar glas junto con el zumo de limón y la nata espesa. Decorar el bizcocho con solo unos chorritos de glaseado o bien verter este último directamente sobre el bizcocho. Servir de inmediato.

DELICIOSO PASTEL
DE MANGO EN CAPAS

En la serie, los espectadores nunca ven a la reina echando mano de un mango, y eso que era una de las frutas ineludibles para la monarca en la vida real. Una ensalada verde con fresas y mangos frescos hubiera sido más del gusto de Su Majestad, pero un sublime y esponjoso pastel con capas de puré de mango fresco resultará sin duda más divertido.

Para 12 raciones

PARA EL BIZCOCHO

6 huevos grandes, a temperatura ambiente

200 g de azúcar blanco

125 g de harina

½ cucharadita de levadura en polvo

PARA LA COBERTURA

450 g de queso crema, ablandado

230 g de mantequilla sin sal, ablandada

280 g de azúcar glas

2 cucharaditas de extracto puro de vainilla

PARA EL MONTAJE

2 mangos frescos medianos, pelados, deshuesados
y triturados en puré

2 mangos frescos medianos, pelados, deshuesados
y cortados en finas rodajas

1. Precalentar el horno a 180 °C y forrar con papel sulfurizado dos moldes de bizcocho de unos 22 centímetros.

2. Para preparar los bizcochos, en un robot de cocina equipado con las varillas, batir los huevos a velocidad alta hasta que tengan una textura espumosa, durante aproximadamente 1 minuto. Añadir poco a poco el azúcar blanco y luego seguir batiendo a velocidad alta durante 8 minutos más, hasta que la mezcla caiga de las varillas en forma de cinta.

3. En un cuenco mediano, mezclar la harina con la levadura. Tamizar ambas sobre la preparación anterior, un tercio cada vez, e ir mezclando con movimientos envolventes y rebañando el cuenco hasta que todo se integre bien.

4. Repartir la mezcla uniformemente entre los dos moldes de pastel y hornear durante 23-28 minutos, hasta que los bizcochos se hayan dorado y recuperen su forma al presionarlos ligeramente.

5. Pasar un cuchillo por el contorno de los bizcochos y darles la vuelta sobre una rejilla. Retirar el papel sulfurizado, volver a girar los bizcochos y dejarlos enfriar a temperatura ambiente. Una vez fríos, abrirlos por la mitad con un cuchillo de sierra para obtener cuatro círculos.

6. Para preparar la cobertura, en el cuenco de un robot de repostería equipado con las varillas, batir el queso crema junto con la mantequilla, el azúcar glas y la vainilla. Empezar a velocidad baja, después seleccionar la velocidad alta y continuar batiendo durante otros 5-6 minutos, rebañando el cuenco cuando sea necesario y hasta que la cobertura se haya montado y presente una textura suave.

7. Para montar el pastel, colocar el primer círculo en un plato de servir y extender en él 125 gramos de puré de mango. Extender unos 110 gramos de cobertura sobre un segundo círculo y colocarlo (con la cobertura hacia abajo) sobre la capa de mango. Repetir la operación con las siguientes capas y terminar recubriendo toda la superficie del pastel con la cobertura restante.

8. Disponer las rodajas de mango en forma de roseta en la superficie superior del pastel, de modo que las rodajas queden ligeramente montadas. Servir el pastel de inmediato o bien reservarlo en la nevera, 3 días como máximo.

TARTA TATIN
DE LOS AMANTES
DE PARÍS

Difícil encontrar a alguien tan melancólico como David mientras se abandona a su vida de placeres en una mansión parisina, rodeado de delicias francesas como la tarta Tatin. Pero tras ser rechazado por Isabel, no le queda otro remedio que acostumbrarse a esa vida. Este postre decadente parece tan elegante y complejo como el antiguo rey, aunque resulta bastante fácil de preparar. Solo hay que vigilar el caramelo, que se hace más rápidamente de lo pudiera pensarse.

Para 5 raciones

1 hoja de masa de hojaldre, descongelada

1,30-1,60 kg de manzanas Honeycrisp o Granny Smith

100 g de azúcar de grano fino

3 cucharadas de mantequilla sin sal

1. Precalentar el horno a 190 °C.

2. Invertir un molde para horno de unos 22 centímetros sobre la masa de hojaldre y recortar un círculo unos 2,5 centímetros mayor que el molde. Pinchar toda la superficie de la masa con un tenedor y reservarla. Pelar las manzanas, descorazonarlas y cortarlas en cuartos.

3. Repartir homogéneamente el azúcar en un cazo grande y calentarlo a fuego medio durante unos 5-7 minutos, removiendo de vez en cuando y sin dejar de vigilar, hasta que tome un color ámbar claro. Añadir la mantequilla y seguir cociendo sin dejar de remover, hasta que el caramelo adquiera un tono marrón claro. De inmediato, agregar las manzanas y remover para que se impregnen de una capa espesa de caramelo.

4. Cocer las manzanas entre 15 y 20 minutos, sin dejar de darles vueltas para que se empapen del caramelo. Probar de vez en cuando el caramelo para asegurarse de que no se haga demasiado. Cuando la salsa se haya absorbido y reducido en su mayor parte, retirar el cazo del fuego.

5. Disponer los trozos de manzana en círculos concéntricos sobre el fondo del molde, apretándolos bien unos contra otros. Verter por encima el caramelo restante de manera homogénea.

6. Cubrir el molde con la masa de hojaldre y, ayudándose de una espátula, meter los bordes de la masa entre el anillo más externo de manzanas y las paredes del molde.

7. Hornear durante 45-50 minutos hasta que el hojaldre adquiera firmeza y tome un color dorado oscuro. Retirar el molde del horno y dejar enfriar durante aproximadamente 1 hora. Con cuidado, darle la vuelta a la tarta sobre un plato. Cortar porciones y servir de inmediato.

PASTEL DE ÁNGEL
DE ST. GEORGE

Llamar a un grupo de clérigos «mediocres egocéntricos» tal vez no sea el mejor modo de hacerse amigo suyo, pero no fue algo que detuviera a Felipe. Desde luego, el hecho de que el difunto duque de Edimburgo fuera en la vida real cofundador de St. George's House tuvo poco que ver con la llegada a la Luna, pero en cualquier caso sí permitió abrir un espacio de diálogo que dura hasta nuestros días. De un modo en cierto sentido similar a esa organización, este pastel de ángel de sublime ligereza incorpora un poco de ácida crema de limón para lograr un perfecto equilibrio de sabores.

Para 10-12 raciones

350 g de azúcar

130 g de harina de repostería, y 2 cucharadas más

¼ de cucharadita de sal

12 claras de huevos grandes, a temperatura ambiente

1½ cucharaditas de cremor tártaro

1½ cucharaditas de extracto puro de vainilla

290 g de crema de limón

Pistachos troceados o en láminas, para decorar

1. Colocar la rejilla del horno en la posición inmediatamente inferior al centro y precalentar el horno a 160 °C.

2. Triturar el azúcar en un robot de cocina hasta obtener una textura muy fina. Reservar unos 120 gramos. Mezclar el azúcar restante con la harina de repostería y la sal y pulsar el robot 5-10 veces hasta obtener una textura ligera y aireada.

3. En un cuenco grande, batir las claras de huevo y el cremor tártaro ayudándose de una batidora de brazo o un robot de repostería, en ambos casos equipados con las varillas. Batir a velocidad media-baja hasta obtener una textura espumosa, durante 1 minuto. Aumentar la velocidad a media-alta y añadir poco a poco los 120 gramos de azúcar reservados. Continuar batiendo durante otros 5 o 6 minutos hasta que se formen picos suaves y luego incorporar la vainilla.

4. Tamizar poco a poco la mezcla de harina sobre la de claras de huevo, en tres veces, mezclando con delicados movimientos envolventes cada vez.

5. Extender con cuidado la mezcla en un molde corona tipo savarín de 25 centímetros. Darle unos golpecitos suaves al molde contra la encimera para homogeneizar la preparación. Hornear durante unos 40-45 minutos, girando el molde a media cocción, hasta que al insertar un palillo en el centro este salga seco.

6. Retirar el pastel del horno, darle la vuelta sobre una rejilla y dejarlo enfriar por completo, durante unas 3 horas.
   Una vez frío, pasar un cuchillo de hoja fina por el contorno del molde y golpear este suavemente contra la
   encimera hasta que el pastel se suelte.

7. Con ayuda de un cuchillo de sierra, abrir horizontalmen-
   te el pastel por el centro para obtener dos capas iguales.
   Extender la mitad de la crema de limón en la capa inferior, cubrir con la capa superior y extender sobre esta el
   resto de crema de limón. Esparcir por encima unos trozos de pistacho y servir.

NAPOLEÓN ARTÍSTICO DECORADO CON FRUTA

Si no has probado nunca el pastel Napoléon, ¡no sabes lo que vas a disfrutar! Este postre ruso es una obra de delicioso arte. Con este pastel, lo que ves es lo que obtienes, que no es otra cosa que una masa deliciosamente hojaldrada y una crema sedosa. Los entusiastas de los postres de fruta pueden ir un paso más allá y decorar el pastel con un par de frutos del bosque e incorporar rodajas de fruta fresca directamente en la crema de natillas.

Para 18 raciones

34 yemas de huevo

200 g de azúcar

30 g de harina

840 ml de leche semidesnatada, en cantidades separadas

3 paquetes (de 450 g) de masa de hojaldre

½ cucharadita de extracto puro de vainilla

115 g de cobertura batida (*whipped topping*), descongelada

115 g de mantequilla sin sal, ablandada

Fruta fresca, para decorar

1. En un cuenco grande, batir las yemas de huevo junto con el azúcar con una batidora eléctrica a velocidad media-baja. Incorporar poco a poco la harina y luego 120 mililitros de leche.

2. En un cazo grande, calentar los restantes 720 mililitros de leche a fuego medio-alto hasta que empiece a hervir suavemente. Retirar enseguida el cazo del fuego e incorporar poco a poco la mezcla de yemas sin dejar de batir. Volver a poner el cazo en el fogón a fuego bajo y continuar batiendo hasta que la crema espese. Retirar del fuego esta crema similar a las natillas y dejar que se enfríe por completo.

3. Precalentar el horno a 200 °C.

4. Ayudándose de un rodillo, extender con cuidado cada hoja de masa de hojaldre sobre una superficie enharinada hasta formar rectángulos de 30 x 40 centímetros. Colocar delicadamente la masa en una bandeja de horno y pinchar con un tenedor toda la superficie. Hornear la masa durante unos 15 o 20 minutos, hasta que tome un color dorado oscuro.

5. Cuando la crema de natillas se haya enfriado por completo, trasladarla a un cuenco. Utilizando una batidora eléctrica a velocidad baja, incorporar el extracto de vainilla y la cobertura batida. Añadir la mantequilla y seguir batiendo hasta obtener una crema de natillas esponjosa.

6. Para montar el pastel, repartir la crema entre cinco de las hojas de masa de hojaldre y luego apilar las hojas unas sobre otras. Romper la última hoja y esparcir los trocitos sobre la capa superior de la crema de natillas. Decorar con fruta fresca y servir de inmediato.

Capítulo 5
CÓCTELES
CON INSPIRACIÓN

CAFÉ
IRLANDÉS

Aunque Margarita no parece demasiado selectiva cuando se trata de cócteles, tal vez sí podría decirse que su compañero favorito es el *whisky*. Ella lo prefiere solo, pero aprovecharlo en un cremoso café irlandés sería sin duda una deliciosa manera de terminar el día. Para obtener los mejores resultados, la premisa es utilizar un vaso caliente y un café bueno de verdad.

Para 1 persona

2 cucharaditas de azúcar moreno compactado

120 ml de café fuerte caliente

45 ml de whisky irlandés

30 ml de nata espesa (+36 % MG), poco batida

Canela en polvo, para espolvorear

1. Introducir el azúcar moreno en un bonito tazón de cristal refractario.

2. Verter el café sobre el azúcar, añadir el *whisky* irlandés y remover hasta que el azúcar se disuelva por completo.

3. Completar con la nata de modo que flote sobre el café, para lo cual debe verterse dejándola caer cuidadosamente sobre el envés de una cuchara. Espolvorear la nata con un poco de canela molida y disfrutar de inmediato del café irlandés, sin removerlo.

CÓCTEL EARL GREY

La difunta reina Isabel era una mujer de gustos sencillos incluso en lo que respecta a su té favorito: el Earl Grey, que puede encontrarse en cualquier tienda de comestibles y que la reina tomaba con apenas un chorrito de leche. Como también se sabe que habitualmente le gustaba tomar una copita, es probable que este cóctel de té hubiese acertado de pleno con sus preferencias. Entre sus ingredientes encontramos el jarabe simple de miel, que puedes preparar calentando 1,2 litros de agua junto con 240 mililitros de miel en un cazo grande a fuego medio y dejando cocer la mezcla hasta que la miel se disuelva.
Enfría el jarabe en la nevera antes de utilizarlo.

Para 1 persona

Hielo

180 ml de té Earl Grey frío

37,5 ml de ginebra de calidad

37,5 ml de jarabe simple de miel

7,5 ml de zumo fresco de limón

Una ramita de lavanda fresca, para decorar

1. Llenar tres cuartos del vaso de la coctelera con hielo y añadir el té, la ginebra, el jarabe y el zumo de limón.

2. Agitar varias veces y colar en un vaso que contenga un cubito grande de hielo. Decorar con la lavanda y servir.

BITTER NO
DEL TODO *QUEEN*

El *bitter queen* es un cóctel clásico elaborado con vodka, Campari y cítricos que se antoja de lo más adecuado para una mujer que nunca parece liberarse del todo de la regia sombra de su hermana. Ya sea Tommy Lascelles, Felipe o la propia Isabel quienes se crucen en el camino de Margarita, lo cierto es que su alteza real jamás tiene la oportunidad de brillar del modo que su madre estima necesario. En cualquier caso, esta bebida, por su vivo color y porque recuerda a los sabores tropicales de Mustique, ya viene con su poquito de brillante sol incluido.

Para 1 persona

Hielo

60 ml de vodka

30 ml de Campari

30 ml de *limoncello*

60 ml de zumo de naranja fresco, muy frío

1 rodaja de lima, para decorar

1. Llenar tres cuartos del vaso de la coctelera con hielo. Añadir el vodka, el Campari y el *limoncello* y agitar bien.

2. Colar sobre una copa grande y muy fría de martini, completar con el zumo de naranja, decorar con la rodaja de lima y servir.

DIRTY
SHIRLEY TEMPLE

Los hirientes sobrenombres que David dedica a la familia de su hermano no parecen molestar a sus integrantes en lo más mínimo. De hecho, se diría que los encuentran divertidos. Y, sin ninguna duda, Isabel no tarda en elevarse por encima del suyo después de ser coronada. Para celebrar el acontecimiento, brindemos con un vaso de esta versión más madura del clásico infantil. Si lo prefieres, puedes sustituir las guindas al marrasquino por cerezas recién cogidas.

Para 1 persona

Hielo

60 ml de un vodka de calidad

30 ml de una granadina de calidad

120 ml de refresco de lima-limón

Guindas al marrasquino, para decorar

1. Llenar un vaso con hielo. Añadir el vodka y la granadina y completar con el refresco.

2. Remover suavemente la bebida, decorar con las guindas y servir.

MINT JULEP
DIGNO
DE UN DERBI

Observar cómo Isabel se ilumina cuando está entre caballos, y ver cómo Porchey hace otro tanto en compañía de Isabel, nos da ocasión de disfrutar de algunos de los mejores momentos de la serie. Brindemos por su maravilloso viaje a Kentucky con el tradicional *mint julep*, la bebida oficial del derbi de esa ciudad. Esta receta utiliza un jarabe simple de menta que puedes preparar tú mismo: en un cazo grande, calienta 240 mililitros de agua junto con 200 gramos de azúcar a fuego medio, deja que la mezcla hierva suavemente hasta que el azúcar se disuelva, introduce un manojo de menta y déjalo infusionar durante 15 minutos. Cuela el jarabe y enfríalo en la nevera antes de utilizarlo.

Para 1 persona

30 ml de jarabe simple de menta

130-260 g de hielo picado

60 ml de *bourbon* de Kentucky

Un chorrito de agua

Una ramita de menta fresca,
para decorar

1. En un vaso de plata para *julep*, introducir el jarabe, 140 gramos del hielo picado, el *bourbon* y el agua. Completar con más hielo picado hasta casi llenar el vaso.

2. Remover bien, decorar con una ramita de menta y servir.

CRUSH
ROYALE

Los enamoramientos (*crushes* en inglés) pueden resultar peligrosos para la familia real, como se revela con la temprana pasión de Margarita por Peter Townsend o con la de Carlos por Camila. Y el enamoramiento de colegiala de Diana da lugar a una de las relaciones más conflictivas de la familia real. Sin embargo, el único peligro de este delicioso *crush royale* es bebérselo demasiado rápido y querer repetir.

Para 1 persona

Hielo

30 ml de vodka

30 ml de licor de manzana

30 ml de zumo de limón fresco

1 cucharada de salsa de arándanos rojos

15 ml de jarabe simple

60 ml de vino blanco espumoso, muy frío

1 *twist* de limón, para decorar

1. Llenar tres cuartos del vaso de la coctelera con hielo. Añadir el vodka, el licor de manzana, el zumo de limón, la salsa de arándanos rojos y el jarabe simple

2. Agitar enérgicamente hasta que la coctelera esté fría, colar la mezcla en una copa de champán plana (tipo Pompadour) y completar con el vino espumoso. Decorar con el *twist* de limón y servir.

NOCHE
Y DÍA

Para mucha gente de todo el mundo, Carlos y Diana eran la pareja perfecta, pero, tal como la princesa Ana advierte perspicazmente a su madre, ambos no podían ser más diferentes. A diferencia de la desventurada pareja, este «Noche y día» despliega sabores que combinan a la perfección. El nombre proviene del modo en que el vino espumoso queda sobre el resto de los ingredientes y proporciona un marcado contraste de color.

Para 1 persona

Hielo

30 ml de coñac

15 ml de Grand Marnier

3,75 ml de Campari

30-60 ml de champán o de vino espumoso

1 rodaja de naranja, para decorar

1. Llenar un vaso alto con hielo picado. Añadir el coñac, el Grand Marnier y el Campari.

2. Completar con champán o con vino espumoso y remover suavemente. Decorar con la rodaja de naranja y servir.

RÉQUIEM
DE ÍGOR

Tal vez el ya rey Carlos y la princesa Ana no tengan una vida normal, pero lo que sí es normal es su relación de hermanos. Ana siempre hace que su hermano vuelva a tener los pies en la tierra con sus prácticos consejos y sus burlas afectuosas. Quizá no lleguemos a saber nunca si lo llama Ígor por andar siempre con cara mustia o por ciertos atributos físicos, pero en cualquier caso no deja de ser algo entrañable.

Para 1 persona

45 ml de *bitter* rojo de aperitivo

30 ml de vermú blanco francés

15 ml de ginebra de calidad

7,5 ml de Cynar

7,5 ml de Fernet-Branca

2 chorritos de amargo de angostura de naranja

3 *twists* de naranja, separados

1. Introducir el aperitivo, el vermú, la ginebra, el Cynar, el Fernet-Branca y la angostura en un vaso mezclador. Completar casi hasta arriba con hielo y remover hasta que se enfríe, durante 15-20 segundos.

2. Colar en una copa tipo Pompadour, apretar dos de los *twists* de naranja sobre la bebida, decorar con el tercer *twist* y servir.

OLD
FASHIONED
GENUINO

¡Un trago a la salud de Tommy Lascelles, el más genuino caballero chapado a la antigua! Quizá no fuera una persona del agrado de todos, pero siempre hizo lo que creyó mejor para la monarquía, aunque eso implicara abandonar sus campos de batalla en miniatura para acechar a una inminente divorciada.

Para 1 persona

2 cucharaditas de jarabe simple

1 cucharadita de agua

2 chorritos de *bitter*

236 g de cubitos de hielo

45 ml de *bourbon*

Piel de naranja, para decorar

1 guinda al marrasquino, para decorar

1. Verter el jarabe simple, el agua y el *bitter* en un vaso de *whisky* y remover para que se mezclen. Añadir los cubitos de hielo y verter el *bourbon* sobre el hielo.

2. Decorar el vaso con la piel de naranja y la guinda al marrasquino y servir.

MOONWALK

Del mismo modo que Isabel se iluminaba cuando estaba entre caballos, Felipe revivía ante cualquier tipo de aventura de exploración. Y ninguna de sus expediciones o vuelos es comparable al de los astronautas que llegaron a la Luna. Este cóctel inspirador, por llamarse «paseo lunar», encarna la alegría que Felipe sintió al ver salir a los astronautas de la nave (y podría haberle ayudado a mitigar su decepción al darse cuenta de que eran hombres normales).

Para 1 persona

Hielo

30 ml de zumo fresco de pomelo, muy frío

30 ml de licor de naranja

3 gotas de agua de rosas

Champán o vino espumoso, para completar

1 *twist* de naranja, para decorar

1. Llenar tres cuartos del vaso de la coctelera con hielo. Verter el zumo, el licor y el agua de rosas sobre el hielo.

2. Agitar enérgicamente y colar en una copa de champán tipo flauta. Completar con champán hasta casi el borde de la copa, decorar con una piel de naranja y servir.

EL CÓCTEL
DUBONNET
DE LA REINA

Contrariamente a la creencia popular, la ya fallecida reina no tomaba cuatro copas cada día. Lo que sí hacía Su Majestad era disfrutar de un cóctel Dubonnet alguna que otra noche. Esta bebida pequeña y sencilla, que toma el nombre del vino de aperitivo francés con que se elabora, no anda corta de potencia, así que asegúrate de saborearla despacio. Puedes disfrutarla ya fría, como aquí se propone, o servirla con hielo, que es como lo prefería la reina Isabel.

Para 1 persona

Hielo

45 ml de ginebra de calidad

22,5 ml de Dubonnet rojo

1 *twist* de naranja, para decorar

1. Poner el hielo en un vaso mezclador y verter la ginebra y el Dubonnet rojo sobre el hielo.

2. Remover bien y colar en una copa pequeña y muy fría. Decorar con el *twist* de naranja y servir.

ÍNDICE
DE RECETAS

ALIÑO de ensalada
para la ensalada de verduras
al horno con queso
Stilton, 29
para la ensalada griega
sencilla, 27
aliño. *Véase* aliño de ensalada
alubias blancas
cassoulet de la corona, 99
sopa de repollo
deslumbrante y alubias
blancas, 19
tostada con mantequilla y
alubias, 49
alubias. *Véase también* alubias
blancas
tostada con mantequilla y
alubias, 49
arroz
el *kedgeree* de la Dama de
Hierro, 97
risotto de champiñones
digno de un príncipe,
141

BEICON
la quiche *lorraine* rellena de
beicon del rey, 39
bistec
el bistec gaélico de la reina, 101

bogavante
ensalada estival de bogavante
y aguacate, 25

CAFÉ
café irlandés, 201
calabacín
zoodles de Mustique con
gambas y limón, 33
canapés
canapés de salmón ahumado,
63
crostini de higos y queso de
cabra, 65
cangrejo
cangrejo imperial, 35
cannellini. *Véase* alubias
blancas
caramelo
caja de trufas de chocolate,
83
cassoulet
cassoulet de la corona, 99
caza
faisán salvaje con salsa de
vino blanco, 119
pastel de carne de venado,
107
champiñones. *Véase también*
trufas

el bistec gaélico de la reina,
101
risotto de champiñones
digno de un príncipe,
141
chocolate
caja de trufas de chocolate,
83
cobertura de crema
de mantequilla
chocolateada, 170
el pastel de chocolate y
galleta favorito de
Guillermo, 85
ganache, 86
la tarta de chocolate perfecto
de Palacio, 165
mousse de chocolate belga,
155
pastel *ménage à trois* de
mousses, 157
tronco de Navidad, 169
cobertura. *Véase también*
glaseado
crema de mantequilla
chocolateada, 170
para el delicioso pastel de
mango en capas, 183
para el tronco de Navidad,
169
cookies
«cookies» *shortbread*
clásicas, 75
magdalenas
incontrovertibles, 77
cordero
guiso de cordero braseado
con cerveza, 111

cranachan
cranachan de frambuesas y
nata, 153
crema de mantequilla, 162
crema para untar
cangrejo imperial, 35
curri
el curri de pollo de Catalina,
137

DÁTILES
pudin de tofe no demasiado
pegajoso, 147

EGLEFINO
el *kedgeree* de la Dama de
Hierro, 97
sopa de eglefino digna de un
castillo (*cullen skink*), 17
ensalada
ensalada de la coronación, 23
ensalada estival de bogavante
y aguacate, 25
ensalada de verduras al
horno con queso Stilton,
29
ensalada griega sencilla, 27
espinacas
triángulos de *spanakopita*,
45
«Eton Mess»
el «Eton Mess» de
frambuesas de Eden,
151

FAISÁN
  faisán salvaje con salsa de
     vino blanco, 119
filo, pasta
  triángulos de *spanakopita*,
     45
frambuesas
  cranachan de frambuesas y
     nata, 153
  el «Eton Mess» de
     frambuesas de Eden,
     151
fresas
  gelatina de champán con
     fresas, 69
  minisándwiches con
     mermelada de fresas de
     temporada, 73
  pastel de crema y coloridos
     frutos del bosque,
     161
  pastelillos esponjosos de la
     reina Victoria, 89
fruta
  artístico Napoleón decorado
     con fruta, 195
  delicioso pastel de mango en
     capas, 183
  Pavlova de la princesa, 177
  pudin de pan al estilo
     Sandringham, 173
  rosetas de manzana, 59
  tarta Tatin de los amantes de
     París, 187
frutos del bosque. *Véase*
  frambuesas; fresas

GALLETAS. *Véase* cookies
gamba
  zoodles de Mustique con
     gambas y limón, 33
gleaseado. *Véase también*
  cobertura
  para el bizcocho inspirador
     de limón, 179
gravy
  pastel de salchichas favorito
     con salsa *gravy*, 93
guisantes
  sopa de guisantes
     londinense, 15
guiso
  guiso de cordero braseado
     con cerveza, 111

HIGOS
  crostini de higos y queso de
     cabra, 65
horno, temperaturas del
  tabla de conversión, 223
huevos. *Véase también*
  merengue
  el *kedgeree* de la Dama de
     Hierro, 97
  la quiche *lorraine* rellena de
     beicon del rey, 39
  pastel de salchichas favorito
     con salsa gravy, 93
  sándwiches de ensalada de
     huevo, 56

JARABE simple
  de miel, 203

infusionado con menta,
209

KEDGEREE
el *kedgeree* de la Dama de
Hierro, 97

LENGUADO
el lenguado de Su Majestad, 133
limón
bizcocho inspirador de
limón, 179

MAGDALENAS
magdalenas
incontrovertibles, 77
mango
delicioso pastel de mango en
capas, 183
manzanas
aguacate
ensalada de pollo y aguacate
sin cocinado, 67
ensalada estival de bogavante
y aguacate, 25
pudin de pan al estilo
Sandringham, 173
rosetas de manzana, 59
tarta Tatin de los amantes de
París, 187
marisco. *Véase también*
pescado
cangrejo imperial, 35
ensalada estival de bogavante
y aguacate, 25

vieiras a la plancha con
drama, 37
zoodles de Mustique con
gambas y limón, 33
masa
auténtico pastel de carne
australiano, 115
empanadillas de Cornualles,
41
rosetas de manzana, 59
tarta Tatin de los amantes de
París, 187
triángulos de *spanakopita*,
45
medidas del sistema imperial
tabla de conversión, 223
medidas del sistema métrico
tabla de conversión, 223
merengue
el «Eton Mess» de
frambuesas de Eden,
151
Pavlova de la princesa, 177
mermelada
minisándwiches con
mermelada de fresas de
temporada, 73
mousse
mousse de chocolate belga,
155
pastel *ménage à trois* de
mousses, 157

NAPOLEÓN
artístico Napoleón decorado
con fruta, 195

PASTA
la pasta con trufa negra de
Felipe, 139
pastel de carne
auténtico pastel de carne
australiano, 115
pastel(es) dulce(s)
artístico Napoleón decorado
con fruta, 195
bizcocho inspirador de
limón, 179
delicioso pastel de mango en
capas, 183
el pastel de chocolate y
galleta favorito de
Guillermo, 85
pastel de ángel de St. George,
191
pastel de crema y coloridos
frutos del bosque, 161
pastelillos esponjosos de la
reina Victoria, 89
pastel *ménage à trois* de
mousses, 157
tortas galesas tradicionales,
81
tronco de Navidad, 169
pastel salado
auténtico pastel de carne
australiano, 115
pastel de carne de venado, 107
pastel de salchichas favorito
con salsa *gravy*, 93
patatas
empanadillas de Cornualles,
41
sopa de eglefino digna de un
castillo (*cullen skink*), 17

sopa de patata y puerro de
Winston, 13
pato
pato asado con pasas al ron,
127
pavo
pavo de Navidad de
Windsor, 121
pepinos
sándwiches de pepino, 55
pescado
el *kedgeree* de la Dama de
Hierro, 97
el lenguado de Su Majestad,
133
ensalada de la coronación, 23
salmón al horno al estilo
Highgrove, 131
sándwiches de salmón
ahumado, 55
sopa de eglefino digna de un
castillo (cullen skink), 17
pizza
pizza de los pequeños de la
realeza, 135
pollo
cassoulet de la corona, 99
el curri de pollo de Catalina,
137
ensalada de la coronación,
23
ensalada de pollo y aguacate
sin cocinado, 67
pollo asado de compromiso
matrimonial, 123
pudin
pudin de tofe no demasiado
pegajoso, 147

pudin de pan
 pudin de pan al estilo
  Sandringham, 173
puerros
 sopa de patata y puerro de
  Winston, 13

QUESO
 crostini de higos y queso de
  cabra, 65
 la quiche lorraine rellena de
  beicon del rey, 39
 Welsh rarebit reconfortante,
  51
queso azul
 ensalada de verduras al
  horno con queso Stilton,
  29
queso de cabra
 crostini de higos y queso de
  cabra, 65
quiche
 la quiche lorraine rellena de
  beicon del rey, 39

REPOLLO
 sopa de repollo
  deslumbrante y alubias
  blancas, 19
risotto
 risotto de champiñones
  digno de un príncipe,
  141

SALCHICHAS
 cassoulet de la corona, 99
 pastel de salchichas favorito
  con salsa gravy, 93
salmón
 ensalada de la coronación, 23
 salmón al horno al estilo
  Highgrove, 131
 sándwiches de salmón
  ahumado, 55
salsa
 faisán salvaje con salsa de
  vino blanco, 119
 para el bistec gaélico de la
  reina, 101
 salsa de vainilla (para el
  pudin de pan), 174
sándwiches
 sándwiches de ensalada de
  huevo, 56
 sándwiches de pepino, 55
 sándwiches de salmón
  ahumado, 55
 sándwiches tradicionales del
  té inglés, 55
scones
 scones por la vía rápida, 71
shortbread
 «cookies» shortbread
  clásicas, 75
sopa
 sopa de eglefino digna de un
  castillo (cullen skink), 17
 sopa de guisantes
  londinense, 15
 sopa de patata y puerro de
  Winston, 13
 sopa de repollo

deslumbrante y alubias
blancas, 19
sopa «una noche en Kenia»,
21
suero de leche, 161

TARTA
la tarta de chocolate perfecto
de Palacio, 165
tarta Tatin de los amantes de
París, 187
temperatura
tabla de conversión, 223
ternera
auténtico pastel de carne
australiano, 115
el bistec gaélico de la reina,
101
el *chateaubriand* de Wilson,
103
empanadillas de Cornualles,
41
tofe
pudin de tofe no demasiado
pegajoso, 147
trufas (dulces). *Véase* chocolate
trufas (hongo)
la pasta con trufa negra de
Felipe, 139

VEGETARIANOS, opciones para
ensalada de verduras al
horno con queso Stilton,
29
sopa de guisantes
londinense, 15
sopa de repollo
deslumbrante y alubias
blancas, 19
sopa «una noche en Kenia», 21
tostada con mantequilla y
alubias, 49
venado
pastel de carne de venado,
107
verduras
ensalada de verduras al
horno con queso Stilton,
29
sopa de repollo
deslumbrante y alubias
blancas, 19
vieiras
vieiras a la plancha con
drama, 37

WELSH rarebit
Welsh rarebit reconfortante,
51

ANOTACIONES

ANOTACIONES

ANOTACIONES

ANOTACIONES

ANOTACIONES

Esta primera edición de *Cocina con la reina*,
de Dahlia Clearwater se terminó de imprimir
en *Grafica Veneta S.p.A. di Trebaseleghe* (PD)
de Italia en noviembre de 2022.

Duomo ediciones es una empresa comprometida
con el medio ambiente. El papel utilizado para
la impresión de este libro procede de bosques
gestionados sosteniblemente.

Este libro está impreso con el sol.
La energía que ha hecho posible su impresión
procede exclusivamente de paneles solares.
Grafica Veneta es la primera imprenta en
el mundo que no utiliza carbón.